Hellmuth Karasek

Auf Reisen

Wie ich mir Deutschland erlesen habe

| Hoffmann und Campe |

1. Auflage 2013
Copyright © 2013 by Hoffmann und Campe Verlag, Hamburg
www.hoca.de
Satz: Dörlemann Satz, Lemförde
Gesetzt aus der Minion Pro
Druck und Bindung: Friedrich Pustet, Regensburg
Printed in Germany
ISBN 978-3-455-50286-2

HOFFMANN
UND CAMPE

Ein Unternehmen der
GANSKE VERLAGSGRUPPE

Inhalt

Du mußt aus deiner Gegend alles holen,
denn auch von Reisen kommst du leer zurück.
Melancholie, Gottfried Benn

Lesereisen

Was unterscheidet Buchlesungen aus dem eigenen Buch vom Schreiben dieses Buchs? Als Antwort drängt sich mir unabweislich eine nicht ernstgemeinte, aber ernstzunehmende Frage auf, die da heißt: Was ist der Unterschied zwischen Onanie und Beischlaf, zwischen Selbstbefriedigung und Geschlechtsverkehr? Die Antwort: Beim Geschlechtsverkehr lernt man mehr Menschen kennen.

Auch bei Lesungen lernt man mehr Menschen kennen. Leser. Die eigenen Leser. Leser, die man gewinnen und überzeugen will. Die man zu überwältigen und zu überzeugen sucht wie in einem Liebesakt. Dem Leser, den man sich beim Schreiben nur in der Phantasie ausmalt, steht man dann Aug in Auge gegenüber. Allerdings ist er nicht nur als Leser hier, sondern auch als Zuhörer. Und wenn man Glück hat, sind es nicht nur wenige, Einzelne, sondern viele, beglückend viele. Man sieht sie sitzen, voller Erwartung. Jetzt muss man sie nur noch gewinnen, sodass man sie nachher wie ein eitler Liebhaber fragen kann: War ich gut? Bin ich gut? Hab ich dir Spaß gemacht? Habe ich dich unterhalten und gewonnen?

Das ist eine typische und eitel-blöde Macho-Frage: Wie war ich? Es gibt den Witz, in dem der Schizophrene danach fragt. Er fragt nicht: »Wie war ich?« Er fragt: »Wer war ich?« Der Autor, der als Erzählender, als Erzähler, »Ich« heißt, sich »Ich« nennt, kann sich hinter einem »Er« verstecken. Kann meinen, ehrlich glauben, dass er ein »Er« ist und kein »Ich«. Und so gaukelt er dem Publikum, das ihm zuhört – hoffentlich gebannt und gut unterhalten, gerührt, bewegt, zum Lachen gebracht –, vor, dass er bei seinen Kapriolen nichts mehr will als den vor ihm Sitzenden gewinnen. Als »Ich« und als »Er«. Entweder oder? Oder als beide. Hier liest sozusagen ein Schizophrener. Er liest, als wäre er mit dem Publikum allein. Mit jedem Einzelnen. Deshalb bestehe ich darauf, so gut ich kann und mich durchsetze, dass ich, selbst wenn ich auf einer Bühne sitze, nicht wie auf einer Bühne sitze, sondern mit jedem Zuhörer Aug in Auge, in ständig möglichem Blickkontakt. Ich will auch beim intimsten Miteinander alles sehenden Auges erleben. Gleichheit der Waffen. Keine Scheinwerfer, die mich blenden und mir die Zuhörer wegnehmen, sie ausblenden. Ich will auch nicht in eine schummrige Dunkelheit hineinlesen. Ich suche Wohlwollen, Bereitschaft, Entgegenkommen. Meist bleibe ich an einer Frau hängen, an ihrem wohlwollenden, erwartungsvollen Lächeln. Werde ich das aufrechterhalten können, werde ich mir das verdienen? Drohe ich in dem Blick zu ertrinken, suche ich erschrocken das Weite, zumindest die Distanz, und finde doch immer wieder zurück.

Manchmal habe ich mit meiner Blickkontaktsuche Pech. Da war doch so ein freundlicher Herr neben seiner Frau – wahrscheinlich war es seine Frau – in der dritten Reihe rechts, und er hatte, als ich zu lesen anfing, den Kopf zur Seite geneigt, sodass er mir wie ein »geneigter Leser« vorkam, der als geneigter Zuhörer hierhergekommen war. Und so las ich eine Zeitlang für ihn, schweifte dann mit dem Blick zur anderen Seite, und als ich mich wieder auf ihn einstellen wollte, da war er eingeschlafen. Er war leicht nach vorn gesunken, der Mund hatte sich geöffnet und gab dem Mann einen irgendwie leidenden Gesichtsausdruck, so als wäre er unter meinem Lesen erschlafft, und ich war erschrocken und hatte Mitleid mit ihm. Und dann sah ich

neben ihm seine Frau, die mir mit wach funkelnden Augen zu-
hörte – war es überhaupt seine Frau? Und so erfasste mich eine
schier sadistische Schadenfreude: Du verschläfst jetzt den Augenblick, in dem sich deine Frau völlig von dir abgewandt hat
und mir bedingungslos zugewandt ist, und ich las nur noch für
sie, jedenfalls eine Weile. Und in meine Bemühung um sie
mischte sich die Angst, dass ich viele im Publikum inzwischen
eingeschläfert hätte. Und ich dachte, sie hat den Armen mit in
die Lesung geschleift, nachdem er müde vom Büro nach Hause
gekommen und nur ihr zuliebe mitgegangen war, er säße jetzt
viel lieber vor dem Fernseher …

Aber dann, später, beim Signieren im Foyer, kam er mit seiner Frau, schob mir mein Buch rüber, sie stand zustimmend
lächelnd neben ihm. »Was soll ich schreiben?«, fragte ich, und
er sagte: »Schreiben Sie: ›Für Günter und Anna‹.« Und ich
fragte: »Günter mit oder ohne h?« Und er sagte: »Ohne h.« Und
während ich schrieb und ihn wenigstens in der Reihenfolge korrigierte: »Für Anna und Günter ohne h«, sagte er: »Es hat uns
sehr gut gefallen.« Und sie nickte.

Einmal, das ist auch schon viele Jahre her, saß ein abenteuer-
lich schönes junges Mädchen in der ersten Reihe und hörte mir
gebannt zu. Und war nachher als eine der ersten mit dem Buch
am Signiertisch. Und als ich sie fragte, wie sie denn heiße, sagte
sie: »Barbara.« »Barbara?«, fragte ich. Und dann, während ich
wie besinnungslos murmelte: »Barbara, das ist aber ein schöner
Name!«, schrieb ich: »Barbara saß nah am Abhang!« Und sagte,
etwas blöde: »Lauter A's! Wie in Barbara.« Und ich traute mich
nicht, sie noch einmal anzuschauen, so idiotisch kam ich mir
vor. Und dann war sie weg.

Wochen später bekam ich über den Verlag einen Brief von
ihr, und sie schrieb mit schöner Schulmädchenschrift: »Lieber
Herr Karasek …«, und dass sie und ihr Verlobter – ja, sie schrieb

»Verlobter« – lange gegrübelt hätten, was es wohl mit meiner Widmung »Barbara saß nah am Abhang« auf sich hätte. Was ich wohl damit gemeint hätte. Und ich antwortete ihr wahrheitsgemäß und doch gleichzeitig verlogen: Ich hätte das aus dem *Kleinen Hey* zitiert, der *Kleine Hey* sei das Buch, mit dem Schauspieler das A aussprechen lernten, offen und klar: »Barbara saß nah am Abhang.« Es klinge fast italienisch, so vokalklar. Und dann habe ich nie wieder von dieser Barbara gehört, sie auch nie wiedergesehen, ihr Bild aus meinem Gedächtnis verloren, mich nur noch erinnert, dass sie schön war und jung und für mich ganz Ohr und Blick. Und dass ich deshalb den »Abhang« assoziiert hatte. Einen Abhang zwischen der Lesebühne und der ersten Reihe, in der sie saß. Und dass ich mir ein Rutschen den Abhang hinunter vorgestellt hatte, da war kein Halten mehr, nur die Schwerkraft, die uns aufeinander zurutschen ließ, mit der Naturkraft einer Lawine.

Jetzt aber übertreibe ich, dachte ich, als ich das bei der Beantwortung ihres Briefes im Sinn hatte, aber nicht schrieb. Und als ich so dasaß, kam mir aus meiner Kindheit ein Schlager in den Sinn, den Willy Berking komponiert hatte und der so ging:

Barbara, Barbara, komm mit mir nach Afrika,
Wo die kleinen Negerlein noch tanzen Ringelreihn.
Barbara, Barbara, kennst du noch nicht Afrika?
Dann wird es die höchste Zeit,
Komm mit, es ist nicht weit.
Dort, wo der Urwald ist, der schon so uralt ist,
Und wo die Affen gaffen, wenn sich zwei verstehn,
Dort schleicht die Boa sich zu ihrem Boarich,
Was es dort gibt, wie man dort liebt, das musst du sehn.
Barbara, Barbara, komm mit mir nach Afrika,
Wo der Swing geboren ist und wo man schwarz nur küsst.

Als ich also das alles im Brief *nicht* schrieb, war ich kein Affe mehr, sondern ein, wie sagt man, gesetzter Mann, und statt in Afrika habe ich Barbara, wenn ich nicht irre, im Wandsbeker Quarree gesehen, in der Thalia Buchhandlung. Und es sollte noch Jahre dauern, bis ich nach Afrika reiste, auf einer Kreuzfahrt, und Afrika wirklich so war, wie ich es mir am Abhang vorgestellt hatte, nur dass ich mit meiner Schwester und meiner Frau im sicheren Jeep saß und unsere englische Touristenführerin, die groß, blond, hoch gewachsen war, eine Flinte in der Hand hielt und, während sie uns beschützte, erzählte, dass sie Englischlehrerin in Kapstadt sei.

Herr, Hund, Mensch und Handy

Jeder Mensch funktioniert in seinen Tätigkeiten wie eine Maschine – moderner würden wir sagen: wie ein Computer. Das Fließband war der erste Ausdruck dieses Maschinenzeitalters, der *Modern Times*. Chaplin hat es in seinem Film, der Fließbandtragikomödie, auf atemberaubende, gleichzeitig »chaplineske« und »kafkaeske« Weise vorgeführt.

Läuft das Fließband, lässt es sich bis zur Grenze der maschinellen und menschlichen Kräfte ausbeuten; gerät ein Teilchen aus der Ordnung, entsteht eine Kettenreaktion aus Fehlern: In der Ordnung lauert das Chaos, das die Unordnung genauso beschleunigt wie im Normalfall die Produktivität. Auch im Chaos potenziert sich die Kraft. Chaplin zeigt, wie die Ordnung »außer Rand und Band« gerät. Ein Bestandteil der modernen Komik ist, dass sie zeigt, wie die Ordnung in Unordnung umschlägt. Fehler, Fehlleistungen, Unachtsamkeiten sind dann nicht wiedergutzumachen. Die Unordnung bringt die Ordnung aus ihrem Lauf, sobald ein Steinchen ins Getriebe gerät, ein Fehler sich unerbittlich im Ablauf potenziert. Chaplin führt das am Fließband wie an der Ess- und Fütterungsmaschine vor.

Natürlich erfährt das auch derjenige, der nach Fahrplan reisen muss. Und dabei gibt es zwei Fehlerquellen: den Fahrplan und den Reisenden, den Menschen und die Maschine, das Subjekt und die Tücke des Objekts (die übrigens auch im Subjekt lauern kann). Dem geraden Weg stellt sich etwas in die Quere. Manchmal. Öfter. Meistens.

Früher habe ich in kleinen Flugzeugen Gelegenheit gehabt, dem Piloten und dem Copiloten beim Start durch die geöffnete Kabinentür über die Schulter zu schauen. Wie sie alle Vorgänge nach einer Anleitungsliste abchecken, laut und vernehmlich. Und wie sie dabei Schalter umlegen, sodass aus roten Lämpchen grüne werden und aus nach unten geschalteten Hebeln nach oben gerichtete. Es ist wie ein Blick in ein Gehirn, beim Packen, bevor die Reise losgeht. Wie eine Zwiesprache im Monolog.

Habe ich genug Socken, Unterhemden, Hemden und Unterhosen eingepackt? Bin ich zwei oder drei Tage unterwegs? Habe ich (das gilt für ältere Reisende wie für chronisch Kranke) genug Pillen, Tabletten und Salben für drei Tage? Habe ich das Ladegerät für mein Handy? Genug Klingen für meinen Rasierer? Patronen für meinen Füller oder Schreibstift? Habe ich meinen Ausweis, Führerschein? Brauche ich meinen Ausweis, meinen Führerschein? Fliege ich und habe die Schere aus Versehen ins Handgepäck gesteckt? Werde ich beim Einchecken ins Flugzeug also wieder eine Nagelschere und ein Toilettenwasser einbüßen? Habe ich die Kreditkarte, die Bahncard? Die Miles-&-More-Karte? Habe ich mein Notizbuch, meinen Taschenkalender mit Terminen und Adressen?

Da ich nach vielen Reisen so gut wie alle möglichen Fehler gemacht habe, bin ich inzwischen gewappnet. Der Mensch lernt aus seinen Fehlern, das stimmt! Aber warum so langsam? Und warum nicht immer? Durch Schaden wird man klug. Viele Hindernisse kann man antizipieren. Stauzeiten bei Zugfahrten. Wichtige Papiere und Utensilien wie Wohnungsschlüssel oder Geldbörsen nicht mehr im Mantel lassen, weil sie bei Übergangszeiten vom Herbst in den Winter zum Beispiel scheinbar verlorengehen. Übergangszeiten sind Sand im Getriebe.

Einmal habe ich im Proust-Fragebogen, als ihn die *FAZ* in ihrem noch vorhandenen Magazin abdruckte und am Freitag beilegte, auf die Frage »Was ist Ihr größter Fehler?« geantwortet: »Mit neuen Schuhen verreisen.« Das war das Resultat einer besonders schmerzlichen Erfahrung. Am ersten Tag scheuerten sich die Füße, vor allem die Fersen, blutig wund. Am nächsten Morgen kam ich nicht mehr, trotz Pflastern, in die Schuhe hinein. Die Abreise verzögerte sich, weil ich humpelnd in einer fremden Stadt nach Turnschuhen Ausschau halten musste. Gott sei Dank war wenigstens nicht Sonntag. Wie einst beim *Literarischen Quartett*.

Es war im August. Ich hatte mit meiner Familie am Wörthersee in Maria Wörth Urlaub gemacht. Am Samstag fuhr meine Frau mit unseren beiden Kindern zurück nach Hamburg. Sie nahm das meiste Gepäck mit, ich sollte noch nur für einen Tag nach Salzburg fahren, verstaute also ein sauberes Hemd, saubere Unterwäsche sowie Anzug und Krawatte in meinem Handkoffer. Am folgenden Abend war in Salzburg beim ORF die Live-Sendung. Am Montagmorgen würde ich nach Hamburg zurückfliegen. Ich hatte alles bei mir. Alles. Die Romane, die auf unserem Programm standen. Den Rasierapparat, der mir ein menschliches Antlitz garantieren würde, das eines zivilisierten Literaturkritikers. Tempo-Taschentücher. Deodorant. Denn es war heiß. Sehr heiß. Unterwäsche reichlich. Alles. Fast alles.

Als meine Frau abgefahren war, hatte ich noch Tennis gespielt. Auf einem wunderschönen Grandplatz. Auch da war es heiß. Ich war brav in die Stoppstellungen gerutscht, roter Grand war aufgewirbelt. Ich hatte geschwitzt, geduscht, mit bloßen Füßen zu Abend gegessen. Dann war ich zu Bett gegangen, nicht ohne die verschmutzte Wäsche und die Tennisschuhe in meine Tennistasche gepackt zu haben.

Am Sonntagmorgen wollte ich dann gut gelaunt, weil aufgeregt, nach Salzburg fahren. Ich stand auf, duschte, rasierte mich – und wollte mich anziehen. Alles, alles fand sich – nur: Ich hatte keine Socken. Mir brach der Angstschweiß aus, der Blutdruck schnellte spürbar hoch. Das Herz schlug bis zum Hals. In der Tennistasche waren nur drei Paar Tennissocken. Weiß und kurz, mit blauroten Rändern. Vor der Tür wartete schon das Taxi zum Bahnhof. Bis Salzburg kommst du noch auf Tennissocken, dachte ich. Niemand wird dir auf die Beine, gar auf die Füße gucken. Aber dann! Im *Quartett*!

Stein des Anstoßes der damals noch relativ jungen Sendung waren nicht etwa hitzige Auseinandersetzungen um Sexszenen bei Elfriede Jelinek, nicht aufeinanderprallende Meinungen bei Günter Grass, Martin Walser oder Peter Handke gewesen – sondern die Socken der Herren. Wir saßen ja damals gesittet in gepolsterten Ledersesseln, zwei Herren, eine Dame, die zu der Zeit noch ausschließlich Sigrid Löffler hieß, und ein Gast beziehungsweise eine Gästin. Die Beine hatten wir übereinandergeschlagen, in Ruhestellung, bei der Kampfhaltung stemmten wir sie in den Boden und beugten uns, mit den Armen heftig rudernd oder die Zeigefinger anklagend erhebend, vor. Bei uns Männern rutschten in der Rücklage die Hosenbeine hoch. Und es galt damals als Höhepunkt der Ungehörigkeit, ja der Obszönität, wenn dabei ein Stück blankes Bein, wenn der Unterschenkel über dem Knöchel bleich und eventuell behaart sichtbar wurde. Dass Reich-Ranicki etwa verbal einen Beischlaf als prinzipiell nichts anderes beschrieb als das Einschieben eines Bleistifts in ein Futteral, erregte nicht den Zorn der Zuschauer, der sich in Zuschauerbriefen niederschlug, auch dass Sigrid Löffler und ich kühl und leidenschaftslos wie Anatomie-Ärzte in der Pathologie die vulgärsten Bezeichnungen für primäre und sekundäre Geschlechtsmerkmale in den Mund nahmen, erzeugte nur die übliche Erregungssteigerung im Pegel der Reaktionen. Aber dass einmal Marcel Reich-Ranicki einen guten Teil seines blanken Unterschenkels in die Kamera hielt, ein andermal, ich weiß es noch wie heute, Jochen Hieber mehrere Male von der Kamera mit nackter Wade erwischt und dem Publikum ausgeliefert worden war, sorgte für die größte Erregung der Zuschauer, die mehr Dezenz von uns Männern einforderten. Ich konnte das gut nachempfinden. Ebenso sehr, wie wohlgeformte, elegant übereinandergeschlagene weibliche Beine im Zeitalter der Miniröcke tiefe Einblicke gewährten, erwecken nackte Männerbeine, noch dazu mit Brombeerhaaren, einen ästhetischen Widerwillen.

Ich weiß übrigens, dass Rudolf Bayr, ORF-Chef in Salzburg von 1975 bis 1984 (der übrigens antike Dramen übersetzt hatte, die, vielgespielt, damals die Bühne mit edel sprechenden und edel fühlenden Sandalenträgern füllte, die Namen wie Orest, Oedipus oder Jason trugen, aber dafür keine Beinkleider), mir damals gestand, dass er während der Festspielzeit mit Vorliebe auf deutsche Touristen in der Getreidegasse, vor Mozarts Geburtshaus, zustürzte, sie anherrschte und zu einer anständigeren Kleiderordnung aufforderte, wenn sie mit bloßen Männerbeinen in Sandalen und kurzen Hosen durch das brütend heiße Salzburg stampften und stolperten, meist das Übergewicht der österreichischen Küche (Salzburger Nockerln, Schweinebraten, Knödel, Gulasch und Kraut) so mit ihren strammen Oberschenkeln zur Schau stellend. Dabei war allerdings der Höhepunkt der Geschmacklosigkeit nicht nur für den Herrn Intendanten, der zwischen Griechen auf der Bühne und Piefkes auf Salzburgs Straßen wohl zu unterscheiden wusste, dass die Touristen in ihren Sandalen auch noch Socken anhatten. »So sind Sie hier nicht willkommen!«, herrschte Bayr sie an. Das Wort »unerwünscht« vermied er aus historisch verständlichen Gründen. Schließlich war er ja Redakteur beim *Völkischen*

Beobachter gewesen, bei dem »Juden unerwünscht« zum selbstverständlichen Vokabular gehörte. Man kann aus vielen Gründen unerwünscht sein. Nicht immer ist es die falsche Lederhose, die falsche Figur.

Ich war, damals in Salzburg, in der schrecklichen Gefahr, mit weißen Socken über die neuesten Romane der Saison ein Geschmacksurteil abgeben zu müssen. In diesem Zusammenhang erinnere ich mich an eine Kritik (war es in *Pardon*, war es in der *Titanic*?), in der zu lesen stand, Kritikern, die wie ich unpassende Krawatten zu falschen Hemden trügen, wären ihre ästhetischen Urteile nur schwer abzunehmen. Kann man jemandem, der eine scheußliche grelle Krawatte zu einem schrillen Hemd trägt, glauben, dass er in der Lage ist, einen neuen Roman mit den richtigen ästhetischen Maßstäben zu messen und sie glaubhaft zu begründen?

So viel stand fest: In weißen Tennissocken, noch dazu von einem rostroten Schmutzrand als getragen ausgewiesen, würde ich in einer *Quartett*-Sendung nicht auftreten können. Eher barfuß in der Hölle. Ich wohnte damals im Hotel Bristol, an einem Platz mit einem Mozart-Haus. Makartplatz heißt er, nach einem ziemlich schwülstigen, den Geschmack des Wiener Fin de Siècle als »Malerfürst« prägenden Künstler benannt, der inzwischen viele Aufwertungen und Abwertungen erfahren hat, in einer Zeit, die »Kitsch« und »Camp« und »Schwulst« auf das Schild des hohen Geschmacks hievt. Ich fürchte, weiße Tennissocken waren nicht dabei – obwohl Woody Allen inzwischen in Tennisschuhen den »Oscar« entgegengenommen hat und Joschka Fischer im Jahr 1985 sich ebenfalls in Tennisschuhen zum hessischen Minister hat vereidigen lassen.

All das hatte ich weder vor Augen noch im Hinterkopf, als ich mich am Sonntag zu einem peinlichen Bittgang durch die ersten Hotels der Stadt aufmachte. Überall fragte ich den Pförtner hinter vorgehaltener Hand: »Entschuldigung, hat einer Ihrer Gäste bei der Abreise dunkle weinrote oder eventuell schwarze Seidensocken vergessen, die Sie inzwischen vielleicht gewaschen haben und ihm nachsenden wollen?« Im dritten Hotel, im Goldenen Hirschen (er verfügt über eine exzellente Küche, Flusskrebse, Eierschwammerln, Tafelspitz), wurde ich fündig. Ja, man habe ein Paar Herrensocken. Frisch gewaschen. Man wolle sie dem Gast, auf Anforderung, nachsenden.

Ob ich sie mir kaufen könne?

Nein, das gehe leider nicht. Man wisse nicht, sagte der Portier mit einer gewissen gnädigen Herablassung, wie man einen solchen Fall handhaben solle. Es gebe kein Beispiel. Aber, fuhr er fort, ehe ich antworten konnte, man würde mir die Socken gern leihweise zur Verfügung stellen.

Ich versicherte, dass ich das großartig und großzügig fände. Ich würde (innerlich schwor ich darauf tausend Eide) die Socken mit nach Hamburg fliegen, vielleicht sogar in den Socken bleiben. Sie dann waschen und alsbald dem Hotel zurücksenden. Diesen Vorschlag akzeptierte der Portier. Ich hatte nichts zu zahlen. Natürlich gab ich ihm, damals wie heute von der Aura der Salzburger Festspiele eingeschüchtert, ja gedemütigt, ein Trinkgeld, das für drei Paar nagelneue Socken gereicht hätte. Trotzdem plagte mich eine Zeitlang das schlechte Gewissen, weil ich die Socken nie gewaschen zurückgeschickt habe. Wenn man bedenkt, wie viele Sockenpaare in Waschmaschinen getrennt werden, wie aus Zwillingen wertlose Einzel-Loser werden, ein geringes Vergehen.

Wenn ich mich recht erinnere, hat Louis B. Mayer (oder war es sein Vater?) als armer mittelloser Einwanderer sein erstes Vermögen in den USA damit gemacht, dass er Sockenpaare en masse beim Einschiffen in Europa in Einzelsocken trennte, um sie getrennt zu zwei verschiedenen Häfen in der Neuen Welt zu verschicken. Sagen wir, die Häfen waren Boston und Baltimore oder New York. Dort kaufte er die vereinzelten Strümpfe als Ramschware auf, fügte sie in seinem Lager wieder zusammen – was die Strumpfindustrie zusammengefügt hat, soll der Mensch nicht trennen – und verkaufte sie zum vollen Preis. Auch ein Geschäft, das an der Wiege Hollywoods stand.

Das stumme Abgleichen der Checkliste zwischen Ich und Über-Ich vor Antritt der Reise hat drei neuralgische Punkte: Wo ist der Hausschlüssel? Wo ist das Handy? Und vor allem: Wo ist die Brille, mit der man im Notfall sowohl das Handy wie den Hausschlüssel suchen könnte. Das Suchen selbst ist ein kritisches Moment. Wird es so viel Zeit in Anspruch nehmen, dass die Abreise sich von einer geplanten in eine gestresste verwandelt, wo man den Zug respektive das Flugzeug in buchstäblich letzter Minute erreicht oder, noch schlimmer, verpasst? Erreicht man ihn, braucht man eine lange Fahrtstrecke, um das aufgeregte Nervensystem wieder herunterzufahren. Das Über-Ich ist die Mutter, die einen fragt, ob man auf die Klassenreise auch alles mitgenommen hat.

Da ich noch in einer analogen Welt aufgewachsen bin, habe ich in der ersten Schulklasse drei Grundregeln der praktischen Vernunft aufgenommen, die im Prinzip auch im digitalen Zeitalter und in der Postmoderne ihre Gültigkeit behalten haben. Die erste gilt für die gesamte Lebensplanung und lautet: »Spare, lerne, leiste was, dann hast du, kannst du, bist du was!« Ihr schöner Aufbau, der die Reihenfolge der nötigen Anstrengungen in einen klaren Bezug zu den dadurch zu erreichenden Vorteilen setzt, fasziniert mich bis heute: Man hat was, wenn man was spart. Man kann was, wenn man was lernt, und man ist was, wenn man was leistet. Im Prinzip stimmt diese Regel nach wie vor, obwohl das mit dem Sparen im 20. Jahrhundert so eine Sache war. Mehrere Staatsbankrotte, Währungsreformen, Inflationen, verlorene Kriege, Weltwirtschaftskrisen und politische Systemwechsel haben die Sicherheit, die im Sparen lag, längst zerstört, ebenso die mit »Sparen« einhergehende Ausführungsbestimmung, nämlich die: »Wer den Pfennig nicht ehrt, ist des Talers nicht wert.« Verfolgen wir die Gültigkeit der Maxime daher nicht weiter, fürs Reisen bringt sie ohnehin nichts.

Eher schon die zweite: »Tu jedes Ding an seinen Ort – wenn du es suchst, dann findst du's dort.« Ich befolge diese Regel in der Regel, habe also die Schlüssel am Schlüsselbrett, die Kreditkarten in der entsprechenden Schublade und das Handy, das im Unterschied zum guten alten Telefon springlebendig geworden ist und sich gerne versteckt oder verläuft oder verlorengeht, das Handy ist meist bei seiner häuslich fest installierten Ladestation. Meist. Denn wie bei jeder Maxime gilt auch die sophistische mathematische Spitzfindigkeit aus der Grundschule: »Ausnahmen bestätigen die Regel.« Und hier beginnt mein Problem.

Reisen sind Ausnahmesituationen, bei mir aber so etwas wie der Regelfall. Also droht auch immer der unvorhergesehene Alarm. Warum ist der Schlüssel jetzt, wo das Taxi schon vor der Tür wartet, nicht am Schlüsselbord? Die Ausnahme Nummer eins lautet: Weil ich vor der Reise mit dem Schlüssel schon aufgeregt hin und her gerannt bin, weil ich schon mal draußen war, was vergessen hatte. Oder weil ich gar nicht von zu Hause abreise, sondern nach Hause zurück und im Hotel das Schlüsselbrett durch die Schreibtischplatte oder den Nachttischschrank ersetzt habe. Der Schlüssel ist nicht das Schlimmste. Notfalls gibt es Schlüsseldienste, die zwar teuer sind, aber dann unersetzbar, wenn die Nachbarn, bei denen man nach schmerzlichen Erfahrungen einen Zweitschlüssel deponiert hat, gerade auch verreist sind.

Schlimmer ist das Handy, von dem ich, als ich die Regel erlernte, dass man jedes Ding nur dann fände, wenn man es an seinem bestimmten Ort deponierte, noch nicht mal zu träumen vermochte. Jahrzehntelang habe ich Reisen ohne Handy unternommen, und es fehlte mir nicht, weil ich von ihm so wenig wusste wie vom Leben auf dem Mars. Weil es das Handy nicht gab, brauchte ich es nicht. Inzwischen hat es mich versklavt, vor allem als Reisenden. Ich bin ihm hörig, bin ohne das Mobiltelefon kommunikationsunfähig, aufgeschmissen, wie amputiert, bewegungsunfähig. Ich weiß nichts mehr von den Wohnorten, Arbeitsplätzen meiner Freunde, Verwandten, meiner Kollegen, ich kann meine Vertragspartner, meine Geschäftsfreunde, meine Arbeitsziele nicht mehr ausmachen. Und wenn ich es doch könnte, weil ich durch Notizen und Papier vorgesorgt habe, kann ich trotzdem auf keinen Zwischenfall, der mich auf der Reise aus der geregelten Bahn wirft, anders reagieren als mit hilfloser Ohnmacht.

Tu jedes Ding an seinen Ort. Das Problem des iPhones, des Smartphones mit Touchscreen, das die stinknormalen Handys längst abgelöst hat, ist, dass es ebenso unbehaust ist wie sein Besitzer, es folgt ihm in das bewegte Leben. Zwar könnte man, wäre man beispielsweise ein Verdächtiger oder gar ein Terrorist, jederzeit geortet werden, weshalb bin Laden in den letzten Jahren in seinen Kommunikationsmöglichkeiten in die Steinzeit zurückfiel und sich reitender Boten bedienen musste, die allerdings auch mit den Pferdestärken von Geländewagen unterwegs waren. Inzwischen wirbt ein Smartphone für Normalverbraucher mit dem Slogan »Wo ist mein Bruder?« und erklärt, dass wir jederzeit den Freund, die Freundin, den Bruder, die Schwester aufspüren könnten, sie »ausfindig« zu machen in der Lage wären – das Einverständnis der Vermissten, zumindest Gesuchten voraussetzend und, zweite Voraussetzung, dass er sein Smartphone nicht verloren oder ausgeschaltet hat.

Bei meinem Normalfall, bei dem ich das Handy zu Hause an

seiner festen Stelle antreffen könnte, wenn ich es nicht unachtsam irgendwo auf meinen unruhigen Wanderwegen durch die Wohnung bei den Reisevorbereitungen abgelegt hätte, kann ich es dann herbeirufen wie einen entlaufenen Hund. Ich rufe es vom Festnetz an und lausche, woher das Klingelzeichen kommt, benehme mich wie ein Späher im Wald und lasse es möglichst nur kurz klingeln, weil es ja sonst auf Anrufbeantworter schaltet, der mir mit seiner blöden ortlosen Auskunft nicht weiterhilft, sondern nur Zeit stiehlt. Lieber rufe ich es im Notfall öfter an, weil mich sein Klang oft auf die falsche Fährte lockt. Bis ich es unter dem verrutschten Kissen oder unter einer aufgeschlagenen Zeitung, in einem Wust Wäsche oder gar im Koffer entdecke, im Bad, im Bücherregal, im Kühlschrank (erst ein Mal!), bin ich angespannt auf der Pirsch. Nie und nimmer schalte ich es zu Hause aus, und ich versuche tunlichst zu vermeiden, dass es mit leerer Batterie verendet. Hier hat die Erstklässler-Einsicht »Durch Schaden wird man klug« gegriffen, nachdem ich seit Beginn des Handy-Zeitalters zwei Telefone auf Nimmerwiedersehen verloren habe, vielleicht liegt eines davon irgendwo hinter Bücherrücken oder hinter einer Waschmaschine, längst gestorben und technisch veraltet, in einem unbekannten Grab und hat seine Seele ausgehaucht, weil sein Plättchen gelöscht werden musste.

Harald Martenstein, der ähnliche Probleme mit elektronischen Geräten hat, schrieb darüber im *Tagesspiegel*: »Im Büro sagten sie: Hellmuth Karasek, als er noch bei uns arbeitete, hat jede Woche sein Handy verloren. Das machte ihm gar nichts aus, im Gegenteil: Er hat sofort ein Buch darüber geschrieben.«

Einmal, als ich in der Anfangszeit noch viele Leichtsinnsverluste erlebte, hatte ich ein Erfolgserlebnis. Ich betrat die Wohnung und bemerkte ziemlich schnell, dass mir mein Handy im Taxi, wie ich rekonstruieren konnte, aus der Tasche gerutscht sein musste. Drei Anrufe waren nötig. Über die Taxizentrale und meine Quittung eruierte ich die Telefonnummer des Taxifahrers, rief ihn im Wagen an und annoncierte ihm, dass mein abhandengekommenes Handy entweder auf dem Rücksitz liegen müsste oder auf dem Boden davor. Dann rief ich es an, sprach über mein Handy mit dem Fahrer, und schwupp!, kam er angefahren und brachte es mir wie einen entlaufenen Hund.

Das Verhältnis Herr und Hund ist tatsächlich eine treffende Beschreibung für die Symbiose, die zwischen Handy und Besitzer entsteht. Manchmal ist es eine Art Blindenhund, manchmal ein Bernhardiner in den Alpen, der einen in der Gletscherspalte aufspürt, rettet, bis Atzung und Hilfe naht. Bei solchen Verhältnissen der wechselseitigen Abhängigkeit verkehren sich oft die Herrschaftsverhältnisse – wie es ein Cartoon von Loriot offenbart. Im Vordergrund des Bildes stehen zwei typische Loriot-Hunde, lebensgroß wie Menschen. An einem Baum im Hintergrund steht ein Männchen, typisch im Stresemann, also mit gestreifter Hose und dunklem Rock, und dreht seine Knollennase Richtung Baum, wo er offenbar durch Aufknöpfen der gestreiften Hose seine Notdurft verrichtet. Und der eine Hund sagt zum anderen Hund, während er auf sein urinierendes Herrchen blickt, mit einem offenbar vorwurfsvollen Seufzer in der Stimme: »An je-dem Baum!«

Derart verkehrte Verhältnisse zwischen Herr und Knecht, Ursache und Wirkung, wie es sie das Mobiltelefonzeitalter hervorgebracht hat, ließen sich auch in der folgenden Tierfabel erkennen: Kommt ein Mann mit einer dicken Kröte auf dem Kopf zum Arzt. Fragt der Arzt: »Wie ist denn das passiert?« Antwortet die Kröte: »Den hab ich mir eingetreten.«

Manche Mobiltelefonierer sehen in der Tat so aus, als hätte

ihr Smartphone sich in sie eingetreten. Bei einigen Reisen, vor allem wenn sie mehrtägig waren und Lesungen an verschiedenen Orten stattfanden, habe ich in der Tat lieber den Zug versäumt (und hechelnd einen späteren genommen), als das vergessene Handy zu Hause zu lassen. Ich hänge an ihm wie an einem Tropf.

Deutschland dreigeteilt? Niemals!

Als ich Ende der sechziger Jahre von Stuttgart nach Hamburg zog, hingen, so glaube ich mich zu erinnern, in den D-Zügen noch Landkarten, die ein Deutschland in den Grenzen von 1937 zeigten, das durch drei Grenzen von Nord nach Süd zerrissen wurde. Die eine war die Oder-Neiße-Linie, die Pommern und Schlesien von einer zweiten Mitteltranche trennte, die »SBZ« abgekürzt wurde; der dritte Teil umfasste die alten Bundesländer, also die damalige Bundesrepublik, die »Bonner Republik«. Und über dieser Landkarte stand der politische Slogan: »Deutschland dreigeteilt? Niemals!«

Meine Geschwister, die in Frankfurt lebten, meine Brüder in Niederrad, standen damals der Studentenrevolte nahe und zur Verfügung, spotteten über diesen »Niemals!«-Patriotismus, indem sie die Stadtteile Oberrad, Niederrad und Rad als »geteilt« darstellten und sich mit Plakaten und Wandgraffiti identifizierten, die da verkündeten: »F-Rad dreigeteilt? Niemals!«

Eigentlich gab es zwischen meinen Brüdern und mir keinen ernsthaften Streit über die Originalkarte, die von den Linken als »revanchistisch« verspottet wurde, und über die Oberrad/Niederrad/Rad-Persiflage. Zu eingefleischt war auch bei denen, die in ihrem Stolz und Selbstwertgefühl unter der Dreiteilung wie der Flucht und der Vertreibung litten, also auch bei mir, die Einsicht, dass es nach menschlichem Ermessen kein absehbares Ende dieses »Niemals!« geben würde. Keine Wiedervereinigung und erst recht keine Wiederkehr in ein deutsches Pommern und Ostpreußen. Zwar pochten manche laut oder weniger laut auf die Tatsache, dass es einem Friedensvertrag vorbehalten wäre, die deutschen Grenzen abzustecken und alles damals Bisherige als »Provisorium« zu empfinden.

Viel zu sehr war den meisten bewusst, auch wenn sie von einem einigen Deutschland träumten, dass der Preis dafür ein unvorstellbarer Krieg sein könnte, nicht nur das Massensterben des Zweiten Weltkriegs, sondern die apokalyptische Auslöschung Europas, ja der Welt. Und zum Zweiten, viel pragmatischer noch, wusste man, da man im Wirtschaftswunderland lebte, dass es denen, die in ihrer Heimat geblieben waren, in der DDR oder gar in Schlesien, schlechter ging als den anderen, die so taten, als lebten sie eigentlich im Exil. Uns ging's ja wieder gold, um einen Titel Kempowskis auf den »Goldenen Westen« umzumünzen. Und wenn es einem gutgeht und man endlich versteht, dass zu dem Gutgehen zum ersten Mal auch die erworbene und zur Stabilität ausgewachsene »Rechtsstaatlichkeit« kam, dann blieben die »Niemals!«-Rufe friedliche Lippenbekenntnisse. Was hätte sein müssen, war eben nun mal nicht – und so entwickelte auch eine linke Denkschule wie die von Habermas den Begriff des Verfassungspatriotismus. Es überwog das »Status quo«-Denken, das sagte: »Was man hat, das hat man!«, und mein Lebensmotto aus der Fledermaus, »Glücklich ist, wer vergisst, was doch nicht zu ändern ist«, stand nicht nur dafür, dass es mir und meinesgleichen meistens gutging, sondern auch dafür, dass wir, nachdem unsere armen Eltern sich in der Vergangenheit ausgetobt hatten und dafür millionfach gestorben waren, etwas zu ändern hatten, was die Grenzen von 1918 waren, gegen die der grausamste aller Kriege geführt worden war.

So galt einer, der sich nicht abfand, wie der deutsche Zeitungs-Zar Axel Springer, als ein Don Quixote – den einen als liebenswert, den anderen als gefährlich –, weil er das, was wir besaßen, was uns geblieben war, für das, was wir verloren hatten, aufs Spiel zu setzen bereit war.

Ich reiste damals viel, zuerst als Theaterkritiker und später eben auch zu Tagungen, Lesungen, auf Lesereisen. Und ich erlebte den Mauerbau im August 1961 in Salzburg, auf den Salzburger Festspielen, wo ich den *Jedermann*, den *Rosenkavalier* sah. Und der Mauerbau war das einschneidendste Ereignis der deutschen Nachkriegsgeschichte – vor der Wiedervereinigung, die der Mauerbau damals in eine unendlich weite, geradezu irreale Ferne verschob. – Und ich war über das geteilte Berlin, zehn Jahre vor Errichtung der Mauer, in den Westen geflohen, ein Akt, der mein Leben radikal veränderte und auf den Kopf stellte, ein Schnitt und Schritt im »Kalten Krieg« wie er nicht existenzieller hätte sein können. Ich war aufgewühlt, erschüttert, betroffen, aber ich bin nicht aus Salzburg abgereist, bin nicht voller Empörung, Wut und Aufsässigkeit nach Berlin geeilt. Nein, ich blieb in Salzburg, aß im »Salzachgrill« des Österreichischen Hofs und diskutierte mit Kollegen über Böhms (oder war es Karajans?) Interpretation des *Rosenkavaliers*. Und ich war auf das Tiefste bewegt von den Bildern, die ich sah, wenn Berliner auf der Bernauer Straße aus den Fenstern sprangen, wenn Flüchtige erschossen wurden, aber ich bewegte keinen Finger – es sei denn, um zu schreiben –, der aktiv in die Berliner Ereignisse eingriff.

Es ist im Rückblick so, dass Ruhe die erste Bürgerpflicht war und dass alle ängstlich und stoisch bemüht waren, nur ja keine falsche Bewegung zu machen. Und dass, als sich in Berlin, also im Herzen Deutschlands, am meisten ereignete und bewegte, im Rest Deutschlands eigentlich alles ruhig und stoisch unbewegt blieb – bloß keine falsche Bewegung! Und: Um Palästinenser zu werden, waren wir, glücklicherweise, zu satt. Wir taugten nicht zum Heroismus. Nicht zum zweiten Mal. Nicht zum dritten.

Nachträglich will es mir scheinen, als seien die Deutschen in einen Starrkrampf gefallen, um die gefährlichste Konsequenz, die sich aus der Teilung Berlins ergab, zu vermeiden. Örtlich betäubt schienen wir in Mitteleuropa, und vielleicht wurde so vermieden, dass die noch nicht vernarbten Wunden des Zweiten Weltkriegs (Grenzen, zerstörte Städte) eruptiv wieder aufbrachen, um alles unter sich zu begraben. So gesehen (und das mag zynisch klingen) war die Mauer vielleicht wirklich eine »Friedensgrenze«, die, unmenschlich genug, in der Schockstarre, die ihrer Errichtung folgte, den Ausbruch eines Atomkriegs vermied.

Was ich auch noch nicht wusste: Als ich in Salzburg nach der »Business as usual«-Methode während des Mauerbaus Kritiken über Mozart, Hofmannsthal, Nestroy schrieb (ohne dass sich in ihnen ein direktes Echo auf Berlin hätte entdecken lassen), drehte Billy Wilder in Berlin *Eins, Zwei, Drei* seine Ost-West-Komödie über die geteilte Stadt, den Wettkampf zwischen Coca-Cola und Kommunismus, der, wir wissen es heute, nur um vierzig Jahre verschoben wurde und nach der Wiedervereinigung wieder aufbrach.

Eins, Zwei, Drei, die wohl grandioseste Komödie über den Kalten Krieg in Berlin, kam damals vorübergehend unter die Räder. Billy Wilders Karriere schien durch diesen politischen Flop beendet. 1986 begannen die Leute (als ahnten sie das eher komische Ende der DDR) über *Eins, Zwei, Drei* wieder zu lachen. Ich besuchte Billy Wilder mit Volker Schlöndorff, um über dieses Revival zu sprechen. Ein paar Jahre später kam Billy Wilder nach Berlin. Wir tuckerten auf einem Schiff über den Wannsee, an der immer noch bestehenden Grenze entlang.

1992. Mein Buch, dessen Ausgangspunkt das *Eins, Zwei,*

Drei-Revival in den Achtzigern war, erschien. Billy Wilder hatte den »Goldenen Bären« für sein Lebenswerk erhalten. Im wiedervereinigten Berlin.

Wir besuchten mit Schlöndorff Babelsberg. Wir gingen am Abend zum Essen in den Cecilienhof, das Schloss, in dem die Alliierten nach 1945 beschlossen, erst einmal keinen Friedensvertag mit Deutschland zu beschließen. Stattdessen das Potsdamer Abkommen, das die Nachkriegsgeschichte Mitteleuropas, inklusive seiner Grenzen auf der Karte »Deutschland dreigeteilt? Niemals!«, bis heute auf der Landkarte festgeschrieben hat.

Billy Wilder saß da, seine deutschen Schauspieler von *Eins, Zwei, Drei*, Liselotte Pulver und Horst Buchholz. Margot Hielscher, Volker Schlöndorff, meine Frau und ich. Alle erinnerten wir uns mit Wilder und seiner Frau, wie er im Hotel Kempinski den 13. August erlebt hatte. Wie ihm klar geworden war, dass er seinen Film nicht am Brandenburger Tor würde weiterdrehen können. Wie das Filmteam nach München zur Bavaria umgezogen war, um dort das Brandenburger Tor als Kulisse zu errichten. Wie sich die Dreharbeiten verzögert hatten, die Kosten des Films.

Es war ein schöner Abend. Über dem See am Cecilienhof ging die Sonne unter. Horst Buchholz saß gegenüber von Billy Wilder, und sein Regisseur von 1962 machte sich Sorgen um ihn. Damals hatte nicht nur der Umzug nach München die Dreharbeiten an *Eins, Zwei, Drei* verzögert. Als nämlich das Brandenburger Tor schon auf dem Bavaria-Gelände stand, baute Horst Buchholz in München angetrunken mit seinem Cadillac einen Unfall. Er musste ins Krankenhaus. Wieder vergingen kostspielige Wochen. Jetzt sah ich Billy Wilder, der neben seiner Frau Audrey saß, im Cecilienhof, wie er besorgt zu Buchholz blickte, der neben mir saß und allen zuprostete.

»Fährst du auch ganz bestimmt nicht mit dem Auto nach Hause?«

»Nein, Billy, ganz bestimmt nicht. Ich nehme ein Taxi nach Berlin.«

»Versprichst du mir das?«, fragte Wilder mit wachsender Besorgnis, als sich Buchholz sein nächstes Glas bestellte.

»Keine Angst, Billy, ich schwöre es dir!«, sagte Buchholz und prostete Margot Hielscher und mir zu.

Aber Wilder war in seiner Besorgnis schwer zu beruhigen. Immer, vor jeder Frage, warf er seiner Frau einen beziehungsreichen Blick zu. Dreißig Jahre später saß ihm noch der Schrecken in den Knochen, dass neben Ulbrichts Mauerbau auch die Sauferei von Buchholz seinen Film verzögert hatte.

Das Wilder-Buch war mein erstes Buch, mit dem ich auf viele Lesereisen ging. Allein im Herbst 1992 und im Frühjahr 1993 waren es sechsunddreißig Lesungen.

Als Satiriker in Emden

Nicht dass ich mich an das erste Mal besonders hätte erinnern können oder wollen. Wie an den ersten Kuss, die erste große Lüge, den ersten Stich einer Biene oder Wespe, an die erste Schulstunde – an die als Schüler und an die als Lehrer. An die erste Heirat und die erste Scheidung. Obwohl der britische Sänger Rod Stewart singt: »The first cut is the deepest.« Und damit die erste Liebe meint, die verlorene Unschuld, so oder so. Rod Stewart weiß, wovon er singt, obwohl er bis ins Alter viele »cuts« dem ersten nachgeschoben hat.

Aber meine erste Lesung, die erste Autorenlesung, war mir einfach nur in der Rumpelkammer meines Gedächtnisses abhandengekommen. Dort lag sie, unbeachtet, herum. Nicht dass ich sie vergessen hätte. Aber sie war da unter altem Plunder und Gerümpel in einer Dachbodenecke versteckt. Eigentlich wie hinter Spinnweben, alten, zerfledderten, ohne eine Spinne, die wie die eingefangenen Mücken vertrocknet in ihrem eigenen Netz hing. Die Lesung war weder verdrängt noch vergessen. Keine Schamschwelle hatte sie in eine entlegene dunkle Ecke verbannt. Nein, so war es nicht.

Und dann tauchte sie unvermutet im April 2012 wieder auf, machte sich bemerkbar. Ich bekam nämlich einen Brief von einem Thomas S., der so anfing:

Was sind schon zweiundvierzig Jahre, wenn sie erst einmal vergangen sind? Ich muss gleich zu Anfang feststellen, dass ausgerechnet Sie es waren, der 1970 meine Frau in Emden kennengelernt hat, zwei Jahre bevor ich in derselben Gegend, noch etwas unsicher nach dem richtigen Weg suchend, Albertines Attraktivität verfallen bin.

Das Wort »verfallen« hat einiges Gewicht, doch der Briefschreiber Thomas S., der mit schöner blauer Tinte und akkurater Handschrift schrieb – und das im April 2012, wie gesagt –, fährt entspannt-ironisch fort:

Ja, ich weiß, das Wort »verfallen« ist nicht unproblematisch, weil es, ergänzt durch das Wörtchen »Datum«, im Allgemeinen eine Grenze bezeichnet, die es früher nicht gab, die aber von ängstlichen Zeitgenossen für absolut maßgeblich gehalten wird.

Verfallsdatum! Ein Wort, das unsere Verbraucherministerin Ilse Aigner just zu der Zeit für unsere Verschwendungssucht benutzt, was Lebensmittel betrifft, die wir wegwerfen – wie panisch unter dem Diktat, dass Nahrungsmittel nicht ewig halten – hervorgerufen durch die Versicherungssucht von uns Zeitgenossen, die Angst der Hersteller, im Falle eines Falles könnte beim Genuss von Milch-, Fleisch-, Gemüse- und anderen Nahrungsprodukten, die man nach dem aufgedruckten Verfallsdatum verzehrt, ein Krankheitsfall durch Verdorbenes auftreten (Siechtum, Invalidität, Arbeitsunfähigkeit, ja Tod) – den die Hersteller durch den Aufdruck des Verfallsdatums zur Risikovermeidung auszuschließen versuchen. So werden Lebensmittel verschwenderisch weggeworfen – aus Angst vor der Haftung im Falle eines Falles. Es ist dies eine der Hysterien der Gegenwart, Angst vor Pandemien, vor Krankheiten, die die sorglosen Verbraucher nach dem Genuss jenseits des Verfallsdatums bei privaten Leiden zu ungeheuren Regress-Ansprüchen gegenüber den Produzenten ermuntern könnten. Das Verfallsdatum ist ein Versuch, Risiken auszuschließen. Es ist Ausdruck einer totalen Rückversicherungsmentalität. Der Briefeschreiber Thomas S., der auf einen Vorfall von vor zweiundvierzig Jahren zurückgreift, also einen Zeitverfall, der längst jenseits aller Schuldzuweisungen und damit aller rechtlichen Ansprüche liegt, fährt fort:

Darum (also um Verfallsdaten) habe ich mich nie gekümmert und Albertine auch nicht, und so sind wir, mal heiter und mal gebeugt, mehr durch als in die Jahre gekommen.

Thomas S. kann als glücklicher Mensch angenommen werden. Es gibt nichts Schöneres, in Zeiten von ängstlichen und berechnenden Verfallsdaten, als »mehr durch als in die Jahre gekommen« zu sein. Seiner Albertine hat er übrigens eine Erzählung gewidmet, die bei einem angesehenen deutschen Verlag erschienen ist.

Mit dem Brief schickte mir der mit Albertine seit wohl vierzig Jahren Verbundene das Deckblatt eines Buches von mir in Schwarz-Rot-Gold, das *Deutschland, deine Dichter* hieß, im Untertitel »Die Federhalter der Nation«, und das 1970 bei Hoffmann und Campe erschienen ist. Auch dieses Buch hatte ich fast, aber nur fast, vergessen.

Damals, Ende der sechziger Jahre, verlegte Hoffmann und Campe eine recht erfolgreiche Reihe von Büchern, die alle im Titel mit »Deutschland, deine …« anfingen. Dann ging es quer durch die deutschen Stämme und Bundesländer, es gab *Deutschland, deine Sachsen, Deutschland, deine Bayern, Deutschland, deine Hessen* und vor allem *Deutschland, deine Schwaben.* Es waren typische Geschenkbücher, zum Mitbringen und Sammeln, für Freunde und Leser, die sich in den Berlinern, Thüringern und Niedersachsen wiedererkennen konnten, ein bisschen geneckt und gefrotzelt, mit einem wohlwollend-spöttischen Unterton. War die Frau oder Freundin eine Sächsin, umso besser, dann konnte man sie mit dem Buch aufziehen, liebevoll, wie mit Dialektwitzen, in denen der weiche Tonfall der Sachsen, ihre sozusagen grätenlose Aussprache mit »weichem p« und »hartem b«, verspottet wurde. Die Hessen wurden aufs Korn genommen, weil sie mit Goethe »Neige« auf »Du Schmerzensreiche« reimten. Und die Münchner, weil sie guttural die Auslaute verhärteten. Von den vielen Eigenarten, ein Brötchen zu benennen (von der Schrippe über das Rundstück bis zur Wecke, zur Semmel, zum Brötchen und Brödel) einmal abgesehen. Der Buchreihe, die in hartgebundenen quadratischen Büchern mit Glanzrücken erschienen (sie erinnerten an die erfolgreiche Quadratur der Ritter-Sport-Schokolade), war deshalb ein Erfolg beschieden, weil sie den deutschen Partikularismus, diesen nationalen und kulturellen Fleckerlteppich deutscher Landschaften, Eigenarten, politischer und religiöser Entwicklungen seit der Reformation als freundliche Vielfalt widerspiegelte, aus der sich die deutsche Einheitlichkeit ergab – trotz oder gerade wegen aller Abgrenzungen und Teilungen.

Die Kultur und Subkultur war das trennende und daher vereinende Band, allen Teilungen zum Trotz. Deutsch wurde in Österreich, in der Schweiz, in Bayern wie in Nordfriesland, in »EnErWe« wie in der DDR oder in Südtirol gesprochen. Wie ein unausgesprochenes Motto schwebte über der Reihe der Satz »Deutschland und Österreich sind zwei Länder, getrennt durch die gleiche Sprache«. Getrennt durch die gleiche Sprache, das garantierte den Erfolg dieser Reihe, die zwischen Ostfriesen und Franken, Bayern und Pfälzern, Gebirgs- und Edelweiß-Deutschen sowie plattdeutschen Seefahrern ein trennendes Band knüpfte. Kein Wunder, dass der Band *Deutschland, deine Schwaben* der größte Renner der Reihe wurde. Nicht nur war sein Verfasser Thaddäus Troll (hinter dem sich der schwäbische Kulturkritiker Dr. Hans Bayer verbarg), ein »knitzer« – also auf Hochdeutsch: hochgebildeter und gewitzter Autor –, der sämtliche hintersinnigen schwäbischen Schnurren und Stammeseigenschaften, vom Pfarrhaus bis zur schwäbischen Hausfrau, beherrschte. Nein, die Schwaben waren auch »die Schotten« und »die Juden« der deutschen Stämme, wegen des kargen Bodens und der strikten Erbteilung in alle Welt verstreut. In Berlin bildeten und bilden sie inzwischen zum Beispiel den Kern des Kreuzberg-Gefühls. Und es gibt über sie das Nietzsche-Diktum: Die Schwaben haben den Deutschen erfunden, dabei aber gleich übertrieben. Vom Hohenstaufer-Kult bis zur Spätzle-Mentalität und dem schwäbischen Geiz, manchmal auch als Geschäftssinn und Sparsamkeit benannt, je nachdem. Thaddäus Troll übrigens war es, der Molières *Geizigen* als »Entaklemmer« übersetzt hat – einen Bauern, der der Ente beim Fressen den Hals zuklemmt, damit sie nicht zu viel frisst. Vielleicht ist aber auch ihr zugeklemmter Hintern gemeint, damit sie nicht zu viel von sich gibt und schneller fett wird.

Deutschland, deine Schwaben, übrigens von dem genialen, schwermütig-schrägen Grafiker und Zeichner Günter Schöllkopf illustriert, erschien in erster Auflage 1967. Bis 1978 folgten achtzehn Auflagen, dann wurde das Buch neu bearbeitet und mit handschriftlichen Marginalien von Dr. Hans Bayer, also dem nicht pseudonymisierten Thaddäus Troll, versehen. In einem Nachwort wurde ein Leser zitiert, Dr. R. B.: »Wem man dieses Buch schenkt, bei dem braucht man sich nicht mehr zu entschuldigen, dass man Schwabe ist.« Bis 2002 erschienen weitere Auflagen – bis zur sechsundzwanzigsten ein ungeheurer Bestseller. Auf der Rückseite des Schutzumschlags sind berühmte Schwaben aufgelistet: von Christoph Martin Wieland, Schiller und Hölderlin bis zu Hansi Müller (dem Fußballstar) und Gudrun Ensslin, Herz und Seele der Baader-Meinhof-Terroristen. Schon im Studium lernte auch ich in Tübingen den Merkvers:

Der Fichte, Schelling, Hegel,
Der Uhland, Schiller, Hauff,
Das ist bei uns die Regel,
Das fällt bei uns nicht auf.

Diese Buchreihe hat das US-amerikanische Verfassungsmotto »*E pluribus unum*«, aus vielen eines, aus Vielfalt Einheit – und auch aus Vielfalt Einfalt, in quadradischen Büchern zu einem buchhändlerischen Bund vereint: ein scheinbar gefundenes Fressen für Lesereisen durch die deutschen Landstriche und Stromufer, in einem bestens durch Autobahnen und Schienen vernetzten Land – einer gemähten Wiese, wie die Oberbayern es sagen, aber phonetisch anders aussprechen würden.

So also kam ich zu meiner ersten Lesereise nach Emden, denn irgendwann waren die deutschen Landschaften mitsamt ihrer kulturellen Stammesgeschichte durch die Buchreihe abgegrast. Und der Verlag dachte: Was gibt es statt Stämmen noch in Deutschand? Und verfiel auf die Berufe. Gedacht, getan, schon waren zwei weitere erste Bände einer neuen Reihe geplant und in Auftrag gegeben. Ben Witter, der Hamburg-Autor und Hamburg- und St.-Pauli-Kenner, schrieb *Deutschland, deine Ganoven*, und ich schrieb *Deutschland, deine Dichter*. Beide Bücher, längst und noch vor ihrem ausgebliebenen großen Erfolg vergriffen, sind, wie es sich für diese Reihe gehörte, treffend von zuständigen Zeichnern und Karikaturisten illustriert. Ben Witter von dem großen Hamburger Zeichner Horst Janssen, ich mit meinen Dichtern immerhin von dem karikaturistischen Feinstift der *Süddeutschen Zeitung*, E. M. Lang. Der Zeichner (im Haupt- oder Nebenberuf, wie man will: Architekt), hat die Adenauer-, Erhard- und Strauß-Bilder der Ära geprägt, hinreißende, bleibende Bubenbilder großer Politiker. Und so ist es aus dem einen Grunde schade, dass mein Dichterbuch verschwunden ist: weil er auch Grass als Blechtrommler, Peter Handke als Loreley und Böll als Publikumsverächter boshaft-liebevoll, also treffend, festgehalten hat. *Deutschland, deine Dichter* beschrieb schon damals einen aussterbenden, wenn nicht schon ausgestorbenen Beruf. Konnte man sich vorstellen, dass etwa Peter Handke oder Günter Grass damals in ein Hotelanmeldeformular als Beruf, ohne zu zögern, »Dichter« eingetragen hätten? Ich kann es mir sehr wohl vorstellen. Und auch wieder nicht. »Dichter«, das war ein Beruf wie »Künstler«, und man denkt und dachte dabei schon damals eher an Wilhelm Buschs Geschichte von Balduin Bählamm oder Maler Klecksel – an Tragödien also, die tragisch ins Komische stolpern, um dort zu verenden.

Allerdings gab es zu der Zeit, als ich Deutschlands Dichter beschrieb, noch »Dichterlesungen«. Und was ich unter »Dichtern« verstand, lässt sich in meinem (Franz Bleis *Bestiarium* nachempfundenen) ABC der Dichter unter dem Namen »Der Augstein« erkennen: »Der Augstein ist der einzige Schriftsteller, dem es geglückt ist, seiner Autobiographie den Namen ›Friedrich der Große‹ zu geben.«

Dichterlesungen gab es damals natürlich noch. Ihr berühmtester Rezitator war der sich selbst als Verlaine, Rimbaud, Hölderlin, Baudelaire oder Rilke verausgabende Klaus Kinski – der große Konzertsäle mit seiner selbstentäußernden, selbstbefriedigenden Ekstase füllte, in denen er sich lyrisch bis zur Erschöpfung entleerte, sein Publikum bei der Gurgel packte und in eine wie bei Beatles-Konzerten übliche Hysterie trieb. Er rollte mit den Augen, spuckte, röhrte, bog sich und schrie seine Ekstase aus sich heraus, goss sie in Kübeln über das Publikum, ohne sich und andere zu schonen.

Dann gab es noch die »Gruppe 47«. Dort lasen sich Nachkriegsdichter, die sich längst Autoren nannten, in Arbeitstagungen ihre Texte zur gegenseitigen fördernden Kritik vor. Ein Vorlese-Workshop gewissermaßen. Und die Dichter nannten sich Autoren. Natürlich mutierte das bald zur Werbeveranstaltung einer sich selbst zur Avantgarde und Elite verklärenden und erklärenden Gruppe Schreibender. Auch hier setzte die dem Menschen wesenseigene Arbeitsteilung ein: in Dichter und Kritiker. Ich war in der Spätphase und Endzeit der »Gruppe 47« unter den Kritikern. Das hat mir als »Dichter«, sprich: Autor, bei den Kollegen nicht gerade geholfen. Wie heißt es doch so treffend: »Die schärfsten Kritiker der Elche waren früher selber welche.« (F. W. Bernstein) Und auch die Zirkulationsagenten von Berufs wegen waren schon da. Die Lektoren der Verlage, die bei der »Gruppe 47« nach Neuem, Erfolgversprechendem suchten, wie dann beim Ingeborg-Bachmann-Preis in Klagenfurt bis heute.

In meinem Buch von *Deutschlands Dichtern* (zu den »Dichtern« dachte ich mir Gänsefüßchen hinzu wie zur »DDR«) gab es schon die zeitgemäßere, dem Zeitgeist nach 1968 besser entsprechende Form der Dichterlesung. Sie hieß *Publikumsbeschimpfung*. Peter Handke, der sie mit dem gleichen heiligen Ernst und heiligen Zorn betrieb wie früher Stefan George seine Lesungen, hat ihr in seinem Theaterstück von 1966 den Namen gegeben. Da er selbst vor Publikum ein stockender, eher stotternder Autor war (was ihm ein unwiderstehliches Flair verlieh), brauchte er professionelle Schauspieler, um sein Publikum in Dichterlesungen zu beschimpfen.

Ich kam also nach Emden, sah ein handgemaltes, handgeschriebenes Plakat im Schaufenster der Buchhandlung und vor der Saaltür der geplanten Veranstaltung in der Bücherei. Da stand, dass ich »heute Abend« aus meinem Buch *Deutschland, deine Dichter* lesen würde. Und darunter meine Berufsbezeichnung, verbunden mit einem Superlativ: »Deutschlands größter Satiriker liest in Emden.« Stand wenigstens »größter lebender« dabei? Ich weiß es nicht. Jedenfalls habe ich meine Berufsbezeichnung »Satiriker« da zum ersten Mal gelesen. Wenn auch nur handgemalt. Und wahrscheinlich auch zum ersten und letzten Mal. Ich fühlte mich geschmeichelt. Schmeicheleien, die einen selber betreffen, findet man nie übertrieben. Auch wenn man das behauptet und es auch glaubt. »Es ist zwar nicht wahr«, denkt man, »aber vielleicht wird es ja nach meinem Tod wahr!« Auch wenn es selbst dann nicht auf dem Grabstein steht. Ich war damals, aus heutiger Sicht, noch über vierzig Jahre von heute und also noch weiter von meinem Tod entfernt.

Mir fiel eine Sottise von Gerhard Zwerenz (der inzwischen weitgehend vergessen ist) auf den Kollegen Martin Walser ein (der unvergessen ist und immer unvergessener wird), und die lautet so: »Martin Walser ist der größte lebende Dramatiker unter den Romanschreibern aus Wasserburg am Bodensee.«

Damit aber ließ ich's gut sein, stapfte ins Büro, wo sympathische junge Buchhändler und Bibliothekare auf mich warteten. Natürlich waren sie mir sympathisch. Wer sonst hätte mich in Emden als »größten« oder »größten lebenden« »Satiriker« begrüßt. Wir erstanden eine Flasche Whisky. Es war Nachmittag. Vor der ersten Lesung. Damals trank man Whisky. Vor einer Lesung, noch dazu vor der ersten, trank man in Maßen. Und man rauchte, je nach Herkunft aus den Besatzungszonen, englische, französische oder Ami-Zigaretten. Pausenlos. Ich als Tübinger Student Gauloises oder Roth-Händle.

In der *Zeit*, bei der ich damals Kulturredakteur und Theaterkritiker war, bekam man den edlen Scotch als Deputat. Je nach Bedarf. Zur Bewirtung von Gästen, wie es hieß. Die *Zeit* hatte damals nicht nur den großen Paul Flora als Zeichner für die Titelseite, sondern auch eine Humorseite, die Erhard Kortmann betreute; und wenn man für Kortmann als *Zeit*-Angehöriger einen Witz fand, bekam man als »Honorar« ebenfalls eine Flasche Whisky. Ich erhielt sie einmal für den folgenden Witz:

Was ist der Unterschied zwischen einem Epileptiker und einem Grießbrei? Der Grießbrei liegt in Zucker und Zimt. Der Epileptiker liegt im Zimmer und zuckt.

Kortmann überreichte mir glücklich die Flasche. Die Gräfin Dönhoff, damals Chefredakteurin der *Zeit* war »not amused«. Man müsse an Leser denken, die einen Epileptiker in der Familie hätten ... Seitdem schrecke ich vor Behindertenwitzen zurück – wenn es geht.

In Kortmanns Sammelband *Witze der Zeit*, der im gleichen Jahr wie mein Dichterbuch erschien, ist der Witz nicht verzeichnet. Ihm kann ich also meine Emdener Berufsbezeichnung »Satiriker« nicht verdanken. Aber es gibt einen Witz von einer Dichterlesung. Er ist, heute, von mäßiger Wirkung und geht so:

Die Dichterlesung dauert schon sehr lange. Als der Autor merkt, dass viele seiner Zuhörer bereits eingeschlafen sind, sagt er entschuldigend: »Ich habe leider keine Uhr bei mir.«
»Das kann passieren«, antwortet ein Zuhörer. »Aber hinter Ihnen hängt ein Kalender.«

In Emden konnte mir das nicht passieren. Denn als wir am Abend kurz vor acht frohgemut und hochgestimmt beim vorgesehenen Leseort, dem Saal der Bibliothek, ankamen, saß da eine betrübt dreinblickende Studentin an der Kasse und starrte ins Leere. Bis acht Uhr waren zwei Zuhörer erschienen. Mehr wurden es nicht. Die Lesung des größten Satirikers Deutschlands fiel aus.

Am nächsten Morgen fuhr ich, wahrscheinlich nicht allzu früh, zurück nach Hamburg. Ich habe von der wegen Nichtbeachtung ausgefallenen Lesung kein großes Gewese gemacht; aus gutem Grund, man erzählt nicht gern von Niederlagen, solange die Wunden noch nicht vernarbt sind. Es gab dann noch eine Lesung aus dem Buch in Bad Godesberg, in der Redoute, die gut besucht war. Und das war's dann.

Nun aber kam der Brief, zweiundvierzig Jahre nach der ausgefallenen Lesung und vierzig Jahre nachdem der Briefschreiber seine Albertine kennengelernt hatte. Albertine, das klingt nach Proust und dessen Suche nach der verlorenen Zeit. Und so starrte ich die alte Widmung an und konnte mir zunächst keinen Reim darauf machen:

Zur zweiten Lehrerprüfung, in der Hoffnung, dass Ihnen dennoch keines meiner Kinder in Ihre erzieherischen Hände fällt.
Emden, am Tag vor Ihrer Prüfung
                                        Hellmuth Karasek

Kein Datum, keine Anrede. Nur die Erklärung des Ehemanns, die wie folgt endet:

Aber ich will eigentlich etwas ganz anderes sagen und nicht Ihre Ungeduld strapazieren: Ihre vortreffliche Widmung in dem exquisiten Buch *Deutschland, deine Dichter*, das Albertine erst in die zweite Prüfung und dann in die Ehe mitgenommen hat, ist so wahnwitzig pointiert, so unglaublich witzig, dass, bezogen auf alle denkbaren Ereignisse und Geschichten, die sich zu Beginn einer Beziehung ereignen und entwickeln, sie manchmal Anlass gab zur fröhlichen Interpretation …

Der Briefschreiber fügt dann noch ein PS an:

Als ich meiner Frau den Brief vorlas, sagte sie: »Das kannst du so nicht schreiben, das stimmt nicht. Er hat mich nicht kennengelernt, und ich habe ihn nicht kennengelernt; wir sind uns begegnet, und Elisabeth, meine Schwester, war dabei und muss das mit der Prüfung erzählt haben.« Und ich sagte: »Macht ja nichts, wenn einer Spaß versteht, dann Karasek.«

Ich las die Widmung oft und oft wieder, zergrübelte mir den Kopf, was ich wohl gemeint haben könnte, aber es fiel mir nach zweiundvierzig Jahren nicht mehr ein. Ich ahnte es nur und mutmaßte: War das eine saloppe Bemerkung über die sogenannte »neue Pädagogik«? Das konnte ich mir vorstellen, da mein Sohn damals in Hamburg auf die »Peter-Petersen-Gesamtschule« ging und dort ohne Repression und Zensurenzwang durch die Klassen rutschte. Er durfte dort – erstmalig – ein paar Jahre später Theater als Schulprüfung inszenieren, und dass er heute Generalintendant in Kiel ist, spricht doch sehr für die glücklich zu ihm passende Schulerziehung. Weniger zu dem Chaos, das ich ihm in den Jahren als alleinerziehender Vater zumutete.

Ich antwortete also, beschrieb mein Buch und kam auf die Emdener Lesung:

Entschuldigen Sie, dass ich erst heute dazu komme, Ihren Brief zu beantworten, über den ich mich sehr gefreut habe, weil er mir in der Erinnerung den Abend ziemlich lebhaft, wenn auch in einen dichten Nebel gehüllt, ins Gedächtnis zurückgerufen hat.

…

Mit geschwellter Brust haben wir dann am Nachmittag in einer Buchhandlung zu viert oder zu fünft oder sechst eine halbe Flasche Whisky geleert, um anschließend zur Lesung zu eilen. Dort waren, glaube ich, zwei Gäste erschienen. Und so verzichteten wir, um es mit Ringelnatz zu sagen,»weise dann auf den letzten Teil der Reise« und luden die zwei Lesungsgäste zum Rest des Whiskys ein. So war die Ernüchterung für den kleinsten aller deutschen Satiriker einigermaßen erträglich, vergnüglich und endete sehr angenehm.

Darauf erreichte mich folgende schöne Antwort:

Sehr geehrter Herr Karasek,
angeblich können sich Frauen ja an die kleinsten Kleinigkeiten erinnern. Es müssen in der Tat ganz besondere Umstände sein, die in der Lage wären, jenes vorbildliche Erinnerungsvermögen zu trüben! Also tatsächlich; man kann es nicht besser zu Papier bringen, scheinen sich 1970 die Ereignisse in Emden so entwickelt zu haben. Ihr Einverständnis vorausgesetzt, möchte ich darauf verzichten, das Wort»Lesung« durch»Affäre« zu ersetzen, und eine diesbezügliche Suche nach Zeugen ein für alle Mal einstellen! Nein, ich möchte noch großzügiger sein und Sie meines Respekts versichern dafür, dass Sie sich als wahrer Gentleman erweisen, der einen angemessenen Nebel über

eine Angelegenheit aufsteigen lässt, deren dadurch unscharf gewordene Konturen sich jeder weiteren Betrachtung entziehen. Mit anderen Worten: Ich bin ganz zufrieden, dass mir so die Möglichkeit erhalten bleibt (falls ich je in die Verlegenheit käme), auf jene Lesung noch einmal humorvoll einzugehen. Zur Not, da haben Sie recht, aber wirklich nur zur Not, könnte ich ja meine Schwägerin fragen.

Wäre ich viel, viel poetischer und hätte ich eine geglückte Dichterlesung statt einer misslungenen absolviert, so könnte ich auf jene weiße Wolke rekurrieren, die Brecht in seiner »Erinnerung an die Marie A.« als das Flüchtigste und Bleibendste der Liebe beschrieben hat.

1

An jenem Tag im blauen Mond September
Still unter einem jungen Pflaumenbaum
Da hielt ich sie, die stille bleiche Liebe
In meinem Arm wie einen holden Traum.
Und über uns im schönen Sommerhimmel
War eine Wolke, die ich lange sah
Sie war sehr weiß und ungeheuer oben
Und als ich aufsah, war sie nimmer da.

2

Seit jenem Tag sind viele, viele Monde
Geschwommen still hinunter und vorbei.
Die Pflaumenbäume sind wohl abgehauen
Und fragst du mich, was mit der Liebe sei?
So sag ich dir: ich kann mich nicht erinnern
Und doch, gewiß, ich weiß schon, was du meinst.

Doch ihr Gesicht, das weiß ich wirklich nimmer
Ich weiß nur mehr: ich küßte es dereinst.

3
Und auch den Kuß, ich hätt ihn längst vergessen
Wenn nicht die Wolke da gewesen wär
Die weiß ich noch und werd ich immer wissen
Sie war sehr weiß und kam von oben her.
Die Pflaumebäume blühn vielleicht noch immer
Und jene Frau hat jetzt vielleicht das siebte Kind
Doch jene Wolke blühte nur Minuten
Und als ich aufsah, schwand sie schon im Wind.

Deutschland »erfahren«

Seit Ende der sechziger Jahre lebte ich in Hamburg, was für mich so hoch im Norden war, wie ich mir das nie erträumt hatte. Und seit dieser Zeit habe ich mir Deutschland durch Reisen »erfahren«, und das im wahrsten Sinne des Wortes: auf Reisen in vielen Jahren die deutsche Geschichte kennengelernt – wie sie sich mir erst im Rückblick mit immer größerer zeitlicher Entfernung erschlossen hat.

Von Hamburg aus ging es meist nach Süden, schnurstracks Richtung Hannover, dann weiter über Göttingen nach Kassel. Von dort nach Fulda oder nach Frankfurt. Und immer erinnere ich mich, wie nah ich, wenn ich Göttingen passiert hatte, der Zonengrenze kam, sah, wo Thüringen sich bauchig an den Westen drängte, in flachen Waldungen irgendwann einen Höhenzug, in dem im zackigen Kahlschlag das Niemandsland, die Todeszone, die unüberwindbare Trennungslinie zwischen Ost und West, auftauchte. Und jedes Mal, wenn ich an dieser Stelle vorbeifuhr, gab es mir einen Stich (ich gebe zu: Er war nur kurz), und ich blickte in das Land, in das ich nicht zurückkonnte, auch nicht wollte, aus dem ich 1952 noch ohne Gefahr für Leib und Leben ganz kommod über Westberlin geflohen war.

Alle Bahnlinien führten hier nur nach Süden. Man konnte nach Westen umsteigen, aber eigentlich nie nach Osten. Die Bahnlinien und Straßen dorthin waren verkümmert, sie schienen wie mit Gras zugewachsen. Und erst später, viel später, als ich das erste Mal nach Eisenach fuhr, es war nach dem Fall der Mauer und der Grenze, entdeckte ich, dass eine schnaufende alte Eisenbahn hier Richtung Osten fuhr, durch ein geradezu verträumtes Biotop, durch unberührte Wälder und Wiesen, durch die herrlichen Täler von Werra und Fulda, wo man oft mit bloßem Auge Wild aus den Wäldern wechseln sah, wenn man im Zug vorbeikeuchte. Und auch die verfallenen Bahnhöfe mit ihren erblindeten Fenstern, die, teils mit Holz verschlagen, teils mit scherbenden Fenstern, ihr Unbenutztsein seit Jahren, ja Jahrzehnten, wie eine erblindete, weil versunkene Zivilisation zur Schau stellten. Auf den Ziegelwänden mischten sich die alten verblassten Parolen des Sozialismus mit modernen Graffiti. Und während ich noch verstand, was es hieß, wenn da etwa »Heraus zum 1. Mai!« oder irgendwas von »Sieg der Arbeiterklasse« rudimentär zu lesen war, habe ich die teils bauchigen, teils scharf gezackten Buchstaben der Graffiti nicht deuten können. Ich habe mir auch keine Mühe gegeben. Sie waren ebenso scheußlich wie schön, in ihrer Vielfalt doch irgendwie alle Räume übergreifend gleich. Und man wunderte sich, fast wie in den Großstädten, wann und wie sie in nächtelanger Arbeit an die Mauern und Brücken und verlassenen Häuser gekommen waren. Was ich von ihnen wusste, hatte ich in DeLillos amerikanischem *Underworld*-Szenario der akrobatischen und waghalsigen Nachtmaler erfahren. Es war eine Welt, von der ich nichts wusste, die ich nicht verstand, Zeichen einer mir verschlossenen Welt, zu der ich weder aussteigen wollte noch konnte. Dabei kannte ich sie längst aus all den großen Städten, in denen die Züge hielten. Sie bedeckten die der Eisenbahn zugewandte Seite der Mauern – so als begänne hier eine andere Zivilisation als die, die man sah, wenn man den Bahnhof zu Fuß verließ. Waren das die ersten Zeichen, dass die schienenzugewandte Welt nur noch durchfahren wurde und verlassen war, Zeichen eines anderen Stammes von Menschen als die in den Zügen, die Koffer zogen und hochhackige Schuhe trugen, Zeitungen lasen, nach und nach mehr und mehr über ihre Laptops gebeugt im Zug saßen und mit ihren Handys nach Kontakt suchten? Auch die vielen Bahndämme wirkten wie verlassen. Sie waren von struppigem, längst ineinander verfilztem welken Gras bewachsen. Oder von Unkraut überwuchert. Disteln und Brennnesseln verdeckten morsche Hölzer und abgestorbene Büsche, und hielt der Zug, vermeinte man den Rostgeruch zu spüren, der aus Schienensträngen aufstieg, die braunrot auf morschen Schwellen davon kündeten, dass sie nicht mehr befahren wurden.

Jetzt, Jahrzehnte später, finde ich die Stelle nicht mehr, wo die Grenze entlangging. Vielleicht ist sie inzwischen durch Tunnelbauten, die die Züge der Nord-Süd-Bahn schneller gemacht haben, dem Blick entzogen.

Stattdessen registriere ich zwischen Göttingen und Kassel, dass da in den letzten Jahrzehnten, wie sonst nirgends in Deutschland, im Winter Brezelverkäufer einsteigen, die im Sommer Stieleis und Eiskonfekt feilbieten und den Zug in Kassel wieder verlassen. Sommers Speiseeis, winters Brezeln. Hat da jemand mit einer Sondergenehmigung einen Vetter versorgt, der den Bahnkunden junge Zugverkäufer mit trockenen Salzbrezeln oder schokoladeumzogenem Eis eine Abwechslung zum Speisewagen-Service anbietet? Brezel- und Eisdienst wirkt irgendwie folkloristisch in einer Bahnwelt, die keine regionalen Sonderheiten mehr duldet – stattdessen angestrengt Sterneköche im Monatswechsel dazu animiert, ihren Ruf mit hochgestochen benannten Gerichten zu ruinieren. Die schmeckten alle zwangsläufig wie ein mehrfach aufgewärmtes Dosenfutter. Chappi nicht fürs Hündchen, sondern fürs Herrchen.

In den letzten Jahren ist Göttingen auch zu einem Bahnhof avanciert, auf den Raucher lauernd warten, die Zigarette und das Feuerzeug schon in der Hand, um dem Zug, der hier auf Anschlusszüge von und nach Berlin wartet, für ein paar hastige Lungenzüge zu entkommen, ehe es raucherlos weitergeht. Ich bedaure diese armen Opfer mit dem Hochmut des Renegaten, der sich längst, natürlich längst, das Rauchen abgewöhnt hat. Ich weiß aber auch, dass diese Raucherpause der nach Osten, von hier nach Berlin führenden neu erworbenen Ost-West-Strecke durch die ehemalige DDR zu verdanken ist.

Von Bonn aus, der alten Hauptstadt, an der viele Beamte und ganze Ministerien zäh als ihrem Wohnsitz hängen, geht es über Hannover nach Berlin. Und von Göttingen und Frankfurt aus suchen die Banker die neue Hauptstadt heim.

Am 10. Juli war in den Zeitungen folgende dpa-Meldung zu lesen: »Wegen kaputter Toiletten in einem ICE von Essen nach München haben etwa 400 Reisende unfreiwillig einen längeren Zwischenstopp in Aschaffenburg einlegen müssen. Der Grund für die gesperrten Toiletten war gestern zunächst unklar. Die Reisenden mussten den ICE verlassen und wurden auf Regionalzüge verwiesen, da der nachfolgende ICE deutlich verspätet kam.«

Alltag der Bahn? Wer mit den schnellen, schönen, großräumigen ICEs fährt, die im Stundentakt durch Deutschland eilen, einst vorwiegend von Nord nach Süd, jetzt eben auch zwischen West und Ost, wird häufig Folgendes erleben: Er sucht nach einer Toilette, aber das rote Signal markiert, dass sie besetzt ist. Er sucht auf langen Wegen weiter, überall besetzt. Wenn er sich vor eine Tür stellt, muss er erkennen: Die Toilette ist defekt, verstopft, außer Betrieb. Ein Papier steckt in der zugeklemmten Tür. Manchmal klebt eins mit dem Wort »Defekt« bekritzelt an der Tür.

Hat er noch mehr Pech, so wiederholt sich das von Wagen zu Wagen. Und wenn er Unglück hat, ist sie überhaupt noch nicht markiert. In diesem Fall sehe ich in die verschmutzte Zelle, drehe stehenden Fußes um und verlasse laut fluchend über »diese Schweinerei«, die ich, wie ich deutlich und lauthals zu erkennen gebe, vorgefunden habe, den Raum, um dem Nächsten, der wartet oder naht, zu signalisieren: Ich war es nicht! Ich nicht! Denn das ist der Fluch der Prominenz oder Halbprominenz, dass dann die Leute weiterkolportieren könnten: »Der Karasek ist ein netter Mensch! An sich! Aber wie der eine Toilette zurichtet! Also, das kann ich Ihnen sagen!« Nicht immer kann man auf eine gnädige Verwechslung hoffen, wie im Juli 2012 im ICE von Frankfurt nach Hamburg, wo sich eine Dame zu mir umdrehte und mit französischem Akzent sagte: »Entschuldigung, sind Sie nicht der Chef von *Focus*?« – »Nein«, sagte ich höflich, »das bin ich nicht!« Sie hatte mich auch nur beim Zeitunglesen und Tee-Bestellen »erwischt«. Kurz darauf ging ich ohne echtes Bedürfnis zur Toilette, die frei und sauber war, um im Spiegel meine Ähnlichkeit mit dem »Chef vom *Focus*« zu überprüfen. Markwort?, fragte ich den Spiegel. Ist der mir wirklich so ähnlich, beziehungsweise ich ihm? Oft, dachte ich, liegt die Schönheit auch im Auge des Betrachters. Und differiert von der Eigenwahrnehmung.

Doch zurück zu den Toiletten im ICE.

Mein Sohn Daniel fuhr 1991 – er wohnte in Stuttgart und arbeitete in Hamburg – mit der Jungfernfahrt des ICE von Hamburg nach München. »Und wie war es?«, fragte ich ihn, der ich noch nie in einem ICE gesessen hatte. »Schön. Schnell. Hell. Leise«, sagte er. »Wie in einem Flugzeug. Aber«, mein Sohn verzog geschmerzt das Gesicht, »die Toiletten. Sie haben viel zu wenig davon! Viel zu wenig!«

Ich ahnte die Torturen seiner Verdrückungen.

Jahre später habe ich oft gedacht, wie gut, dass wir nicht wie Depardieu im Flugzeug dann aus allen Nähten platzen!

Der damalige Bahnchef Dürr hat mir kürzlich erzählt, wie es zu diesem Toiletten-Desaster bei der Jungfernfahrt gekommen sei. »Wir hatten bei den Testfahrten junge Rekruten der Bundeswehr genommen. Und die werden ja dazu gedrillt, sich zu beherrschen.«

Dabei waren die neuen Kanister-WCs ein Ausdruck des hygienischen Fortschritts, der es auch beim Totalausfall der Toiletten am 9. Juli den Reisenden nicht erlaubte, sich einfach bei einem Halt auf freier Strecke in die Büsche zu schlagen, wie es noch auf frühen Busreisen in Südeuropa in den fünfziger Jahren vorkam.

In den D-Zügen, die vor dem ICE die weiten Strecken überbrückten, erinnere ich mich noch an die Verbotsschilder in Toiletten: »Das Benutzen der Toiletten auf den Bahnhöfen ist verboten.« Und das war in mehreren Sprachen verboten, zum Beispiel auch auf Italienisch. Man durfte sich auch nicht aus dem Fenster beugen. Oder gar aus dem Fenster spucken. »No sputare de la ventana« oder so ähnlich.

Im Zug-WC während der Fahrt sorgte das Tempo für eine dünne Berieselung. Es war wie vom Winde verweht. Anwohner in Kurvenlage bekamen es zu spüren. Aber damals war man noch nicht so. Auch Landgasthäuser lagen damals noch im Einzugsbereich von Misthaufen.

Mit einer gruseligen Geschichte verdarb der *Spiegel* damals mir und manchem Reisenden in heißen Sommermonaten den Appetit im und die Lust auf den Speisewagen. Nur gekochte Eier könne man ungestraft im Zug essen, warnte das Nachrichtenmagazin. Denn, mal angenommen, es sei heiß in der Zugkombüse, in der der Koch am Herd stand und brutzelte, kochte und briet, sodass er das Fenster aufgeklappt hatte, um frischen Fahrtwind in die Küche und den Rauch und Dunst entweichen zu lassen. Und mal angenommen, zur gleichen Zeit benutze ein

Fahrgast das Zugklo. Und drücke die Spülung, worauf sich ein Deckel im Kloausgang öffne. Und das Wasser alles mit sich ins Freie reiße und in tröpfchenhafter Verdünnung verteile. Auch in die Küche des Kochs! Also nur hartgekochte Eier, Wasser aus Flaschen, Cognac aus Fläschchen. Kein Rührei! Kein Wirsingeintopf. Nichts davon.

Damals, im halb vorhygienischen Reisezeitalter, gab es den derben Klappvers: »Scheiße im Trompetenrohr / Kommt Gott sei Dank recht selten vor.«

Dank Bahnchef Dürr kann man in den ICEs die Fenster nicht mehr aufmachen. Nirgends. Und wenn man spült, verstopft es, schlimmstenfalls. Nach außen dringt nichts. Allerdings gibt es längst keine Frühstückseier mehr. Und keinen Cognac in kleinen Fläschchen. Dürr hat auch aus den strengen fahrkartenzwickenden Zugbeamten freundliche Servicekräfte in schickeren Uniformen gemacht. Die Bahn ein Dienstleistungsgewerbe. Mit gastfreundlichen Bahnhöfen. Mit pünktlichen Zügen im Stundentakt. Mit handyfreien Ruhezonen. Vollklimatisiert.

Allerdings kam später unter Mehdorn der mehdornenvolle Weg zum Gesundsparen für den Börsengang der Bahn. Und es kamen die strengen Winter und die heißen Sommer. Einmal vereisten die Oberleitungen, Eis ramponierte die Zugböden, dann setzte die Hitze – Außentemperatur um die dreißig Grad – die Klimaanlagen außer Gefecht. Dann gart der eingeschlossene Passagier nahe dem Siedepunkt, und die Türen oder Fenster lassen sich nicht öffnen. Nun kam der Slogan auf, dass die Bahn vier Todfeinde hätte, nämlich »Frühling, Sommer, Herbst und Winter«. Oder Menschen werfen sich von Brücken vor die Loks. Tausend pro Jahr. Oder – weil Metalle so teuer werden – Diebe stehlen in großem Stil Kupfer- und sonstige Kabel. Unverhofft kommt oft. Und je nachdem »bittet« der Schaffner am Lautsprecher um mein Verständnis, oder er »dankt« mir für mein Verständnis. Wie: Das Glas ist halbvoll und halbleer. Die Züge sind meist ganz voll. Und dann fallen auch noch die Reservierungsmarkierungen aus. »Wir bitten um Ihr Verständnis.« Oder der Zug fährt in umgekehrter Wagenreihung. »Wir danken für Ihr Verständnis.« Oder es fehlen ein paar Wagen. »Wir bitten um Ihr Verständnis.« Oder er hat wegen eines Anschlusszuges, einer Signalstörung, eines Getriebeschadens vierzig Minuten Verspätung, »Wir danken für Ihr Verständnis.« Oder die Witterung. Die Klimakatastrophe. Überschwemmungen. Eishagel.

Österreich und die Schweiz meistern die Verkehrslage zu jeder Witterung. Aber die sind auch kleiner, überschaubarer und das Wetter in den Alpen gewohnt.

Wie warb die Österreichische Bahn während der Europa-Meisterschaft? »Wir sind Córdoba!« In Córdoba besiegte 1978 die Österreichische Fußball-Nationalmannschaft die deutsche Elf mit 3:2. Seitdem ist »Córdoba« das Gegenteil dessen, was für Napoleon »Waterloo« war. Ein abrufbares Überlegenheitsgefühl.

Eisenach

Für meine Termine und Reisen habe und führe ich seit Mitte der neunziger Jahre einen Filofax-Kalender, dessen Kalenderblätter man Jahr für Jahr austauschen kann. Sie werden, ähnlich wie bei einem Leitz-Ordner, gelocht und genormt in ein Heftsystem geklemmt, in ein Büchlein – meines ist ledern rot und sieht bejahrt und abgegriffen und so abgenutzt aus wie zu lange getragene Schuhe: Es ist auch viel Zeit mit dem Kalenderbuch abgelaufen, wie auf Schuhsohlen, Zeit, die man vorausgeplant hat, mit »vertikalen Jahresplanern«, und die man nachträglich abgehakt hat. Eben noch ist einem der Kalender voraus, um Tage, Wochen, Monate, dann wird er im Tagesgebrauch aktualisiert, mit Telefonnummern, Adressen, Zugfahrzeiten, Abholabsprachen. Ist der Tag vorbei, der Abend gelaufen, macht man noch ein paar Notizen, manchmal, manchmal auch nicht. Ist das Jahr um, nimmt man es heraus, bündelt es mit einem Gummiband oder steckt es in eine Klarsichthülle, aus der man das kommende Jahr herausgenommen hat.

Ich lege das abgelebte Jahr dann zu anderen abgelebten Jahren, in eine Holzkiste, in der mir jemand Wein zum Jahreswechsel geschenkt hat. Das war so üblich in vergangener Zeit, als es die Sache mit dem Präsidenten Wulff noch nicht gab. So hat man als Kritiker, länger ist's her, beispielsweise vom Diogenes Verlag, von Daniel Keel, jedes Jahr eine Kiste toskanischen Rotweins bekommen. Und in dieser Kiste stapeln sich jetzt die

Jahre statt der viel zu rasch verbrauchten Weine als Filofax-Bündel. Filofax verspricht mit jedem neuen Jahr, das es einem zum Einklemmen in Leder zum Gebrauch zur Verfügung stellt, neben »Kalenderübersichten des letzten, aktuellen und folgenden Jahres«: Persönliche Informationen (die man natürlich selbst eintragen muss). Wichtige Telefonnummern. Schulferien Deutschland. Schulferien Österreich. Langfristige Sommerferienplanung. Religiöse Feiertage. Messen und Ausstellungen. Mitglieder der Europäischen Union. Internationale Informationen. Europäische Flughäfen. Maße.

Der Filofax ist eigentlich ein vorsintflutliches Gerät im digitalen Zeitalter. Alles, was ich in dem Kalenderbuch finde, könnte ich auch im Handy nachschlagen. Zum Beispiel steht unter »Europäsche Flughäfen« bei München: »MUC T. +4989975−0. Km zur City: 28. Reisezeit Bus: 40 min. Zug: 42 min. U-Bahn: 40 min. Der Traum von Edmund Stoibers gescheiterter Transrapid-Verbindung ist nicht eingetragen, lässt sich aber jederzeit über YouTube nachsehen. Dort ist er ebenso ewig, unsterblich wie komisch. Im Filofax wäre er endgültig abgelegt. Als Absatz in einem Buch läse sich das so:

Wenn Sie vom Hauptbahnhof in München … mit zehn Minuten, ohne dass Sie am Flughafen noch einchecken müssen, dann starten Sie im Grunde genommen am Flughafen … am … am Hauptbahnhof in München starten Sie Ihren Flug. Zehn Minuten. Schauen Sie sich mal die großen Flughäfen an, wenn Sie in Heathrow in London oder sonst wo, meine sehr … äh, Charles de Gaulle in Frankreich oder in … in … in Rom. Wenn Sie sich mal die Entfernungen anschauen, wenn Sie Frankfurt sich ansehen, dann werden Sie feststellen, dass zehn Minuten Sie jederzeit locker in Frankfurt brauchen, um Ihr Gate zu finden. Wenn Sie vom Flug … vom … vom Hauptbahnhof starten – Sie steigen in den Hauptbahnhof ein, Sie fahren mit dem Transrapid in zehn Minuten an den Flughafen in … an den Flughafen Franz Josef Strauß. Dann starten Sie praktisch hier am Hauptbahnhof in München. Das bedeutet natürlich, dass der Hauptbahnhof im Grunde genommen näher an Bayern … an die bayerischen Städte heranwächst, weil das ja klar ist, weil auf dem Hauptbahnhof viele Linien aus Bayern zusammenlaufen.

Ein Zukunftstraum von gestern wie gesagt.

Der Filofax ist also mein altgewohnter, altmodisch gewordener Reisebegleiter. Er ist das Werkzeug, das Reiseutensil eines Handlungsreisenden, wie Zahnbürste, Eau de Toilette, Nagelfeile oder Nagelschere, die man tunlichst beim Fliegen nicht mehr ins Handgepäck nehmen sollte. Vielleicht kann man sie bald beamen? Oder die Plastikfeilen im Hotel benutzen. Als Handelsreisender (Sparte: Lese- und Literaturreisender) kann ich internationale Messen und Ausstellungen planen: Also in meinem Fall: »14. 3. bis 17. 3. Leipzig. Leipziger Buchmesse.«

Sollte ich unterwegs in Verlegenheit kommen, mir Sachen zum Anziehen zu kaufen, so enthält mein Kalender wie jedes Jahr Kleidergrößen: »USA 36, GB: 36, Europa: 46.« Oder Herrenhemden: »USA 17. GB: 17. Europa: 43.« Oder Herrenschuhe: »USA 8 ½, GB: 8, Europa: 42.« Praktisch ist das schon. Ich wäre sonst aufs Handy angewiesen.

In einem Punkt weist der Filofax ins digitale Zeitalter. Man kann ihn, für den Fall des Verlusts, registrieren lassen. Unter *www.filofax.com.*

Mich erinnert mein Taschenkalender daran, dass er paradox umgekehrt funktioniert wie ich als Person. Ich bin innen alt und trage außen eine neue Schale. Der Kalender ist außen abgenutzt und innen neu. Wie hatte doch Nestroy über die Zeit gesagt: »Ja, die Zeit, das is halt der lange Schneiderg'sell, der in der Werkstatt der Ewigkeit alles zum Ändern kriegt. Manchmal geht die Arbeit g'schwind, manchmal langsam, aber firtig wird's, da nutzt amal nix, g'ändert wird all's!«

Änderungsschneider, auch das ist lange her. Heute ändert sich die Kleidergröße oder die Kragenweite. In Europa von 42 auf 43. Und wieder zurück, wenn's gutgeht. Ist der Kalender aus dem Jahr gefallen und wird er abgelebt, gibt es kein Vorher und kein Nachher mehr. Irgendwann stehen da Telefonnummern und Zugverbindungen, die längst keinen Sinn mehr machen. Selten steht da eine Bemerkung, die, würde ich ein Tagebuch führen, besser in einem solchen stehen würde. So ist es mit dem 1. Oktober 1997. Das tägliche Blatt, das den Tag in zwölf Stunden, von 8 Uhr morgens bis 8 Uhr abends, einteilt (was man vorher und nachher macht, geht aber so was von niemanden etwas an!), registriert unter Mittwoch, den 1. Oktober, 40. Woche, eine Reise: 11.49 Uhr ab Konstanz, Frankfurt am Main an 16.15 Uhr, Frankfurt am Main ab 16.22 Uhr – Eisenach an 18.20 Uhr. Dann nichts, aber unten das Wort »Handy«. Dann: »10 Gäste! 5 Journalisten! Eine Katastrophe.« Und dann noch ein Gefühlsausbruch: »Nie wieder!« Darunter, mit Bleistift: »Eisenach. Erlebnisbuchhandlung«.

Ich blicke in das zeitliche Umfeld von Eisenach, blättere und finde: 25. 9. 97 Ettlingen, 200 Leute. 23. 10. Trier, 200 Leser. 30. 10. Karlsruhe. 4. 11. Koblenz, »Hotel an der Mosel – sehr schön«.

Am 18. 12. habe ich offenkundig mein Handy verloren. Denn da steht: »Handy weg?«

Mein Zug kam also um 18.20 Uhr in Eisenach an, pünktlich, ich nahm mir ein Taxi, fuhr zu dem Einkaufszentrum, in dem am Abend meine Lesung aus dem Buch *Hand in Handy* stattfinden sollte. Das Einkaufszentrum war kurz nach sechs Uhr gähnend, um nicht zu sagen gespenstisch leer. Es gab ein Café in der Nähe der Buchhandlung, in dem eine Kellnerin, bedröhnt von der billigsten Schlager- und Volksmusik, nicht auf mich, sondern auf ihren baldigen Feierabend zu warten und zu hoffen schien. Nicht sie kam zu mir, der ich meinen Koffer mit mir schleppte, weil ich mein Hotel erst nach der Lesung aufsuchen würde – es lag außerhalb Eisenachs, sollte ein modernes Haus sein –, sondern ich ging an die Theke, und noch ehe ich einen Kaffee bestellen konnte, sagte sie: »Wir schließen aber gleich um sieben!«, sodass ich mir schnell ausrechnen konnte, dass ich die Restzeit in dem toten Einkaufszentrum zwischen Drogerien, einem Supermarkt, einem Blumenladen, Obst und einem Sportgeschäft würde verbringen müssen. Nicht nur allein, sondern bedröhnt von der lautesten und schrecklichsten Musik, die mich an Ferienvolksfeste in Österreich erinnerte und die hier eine Lärmkulisse lauter Ferienstimmung erzeugen sollte. Es war die Musik, wie ich sie später bei der Preisverleihung der »Goldenen Henne« im Friedrichstadtpalast erleben sollte, wie etwa das Lied, das da fragt: »Lebt denn der alte Holzmichl noch, Holzmichl noch?«, worauf von »De Randfichten« mit einem fröhlichen »Ja, er lebt noch!«, mit einem schunkelnden Ja geantwortet wird. Musikklänge jener hemmungslosen Ostalgie oder Östalgie, die einen bei den Ossis wie den Ösis widerstandslos in die fünfziger und sechziger Jahre zurückzieht.

Hier antwortete niemand, die Kellnerin wollte mit dem Kaffee gleich die Rechnung kassieren, wurde auch durch mein aus Angst übertriebenes Trinkgeld nicht freundlicher. Und ich schluckte den Kaffee möglichst schnell in mich hinein, soweit seine Hitze es zuließ. Meine Befürchtung, weiter von der Musik bedröhnt zu werden, erwies sich als grundlos. Sie verstummte

Punkt sieben und hinterließ eine beängstigende akustische Leere. So wie ein Platzkonzert, dessen Ende man herbeisehnt und sich dann doch in der Ruhe wie schutzlos ausgesetzt findet. Es ist schon merkwürdig, dass die schönsten, scheinbar unberührtesten Wälder, Seen, Bergwelten und Flusstäler, also Österreich, Bayern oder Thüringen, gewissermaßen die abscheulichste Musik absondern, um sich und anderen, auch noch kommerziell erfolgreich, zu beweisen, wie natürlich sie in einer früheren Welt verankert sind, die aber nur so natürlich ist wie rosa Brausepulver oder Zuckerwatte am Holzstiel.

Das wirkt wie ein Echo auf die putzig hergerichteten folkloristischen Landschaften in Oberbayern, Oberschwaben, Hessen, die sich perfekt zu malerischen Postkarten verwandelt haben, man meint einen wunderschönen Butzenscheiben-Traum und ein stilgerechtes Fachwerkhaus-Museum zu betreten, mit Geranienkästen vor den Fenstern, die grüne Läden haben, und Hauseingängen mit schmiedeeisernen Treppenaufgängen. Erst beim Nähertreten merkt man, dass der Satz von Michel Houellebecq ein solch prächtig aufgeputztes Folklore-Dorf in seiner musealen Irrealität lakonisch beschreibt: »Das Dorf war in seiner für touristische Zwecke ländlichen Vollkommenheit erstarrt.« Auf einmal bemerkt man, dass diese ganze vergangenheitsselige, geschichtsstolze Idylle in Wahrheit wie ausgeschaltet ist. In der Tat gibt es in dieser aufgeputzten und putzigen Heimatwelt hinter den einladenden Eingängen und geschnörkelten Toren dann chinesische, italienische und griechische Lokale, deren üppig missglückte Gerichte und überfrachtete Salate wie ein kulinarisches Echo auf die in der Nostalgie-Sauce ertrunkene Musik erinnern.

Die Buchhandlung hatte noch nicht auf, vielleicht war sie auch nur leer, jedenfalls wirkte sie verlassen. Ein Plakat verwies auf meine Lesung um 20 Uhr und auf die Öffnungszeit

19.30 Uhr. Ich konnte beim vorsichtigen Blick durch die Scheibe erkennen, dass die Buchhandlung ihre Existenz auch dem Bertelsmann-Lesering verdankte, dem sie angeschlossen war. Damals erzielten in den neuen Bundesländern die Bertelsmänner einen neuen, fast rauschhaften Boom, während die Bücher der DDR-Verlage, Aufbau wie Insel, VEB, Bibliographisches Institut, Klassikerausgaben von Rütten & Loening, des Insel- und Reclam-Verlages in den Ramschkästen der Buchläden landeten. Es herrschte eine seltsam hastige Boomstimmung, ich glaube, Eisenach hatte damals vier oder fünf solcher Einkaufszentren aus dem Boden gestampft – und in die künstliche Beleuchtung versenkt –, von denen sich gewiss nicht viele am Leben gehalten haben. Ich war nicht das erste Mal nach der Wende in Eisenach, nur war es das erste Mal, dass ich gleich in einem der egalitären Einkaufszentren landete – Penny-Märkte, die Dromarkt-Kette, die Welt von Schlecker und Douglas und Baumarkt, die dabei waren, die neuen Bundesländer westlich marktgerecht aufzurüsten.

»Es gibt nichts, was leerer aussieht als ein leeres Schwimmbecken.« Für einen Autor, der in einem menschenleeren Eisenacher Einkaufszentrum nur das Hallen der eigenen Schritte hört, sieht eine Buchhandlung kurz vor acht mindestens so leer aus, auch wenn sich darin aufgeregt zwei jüngere Männer hin und her bewegten, es waren die Buchhändler, wie sich bei der nervösen Begrüßung herausstellte, die ihre »Erlebnis-Buchhandlung« mit einem Erlebnis einweihen wollten, und das Erlebnis war ich, von dem sich die beiden, die bei der Begrüßung ein unruhiges Flackern im Blick hatten, mit dem sie mich allsogleich ansteckten, eine Initialzündung für zahllose Erlebnisse erhofften. Ich war das ausgebliebene Erlebnis, das wasserleere Schwimmbecken Chandlers waren die so gut wie leeren Stuhlreihen, die für mich als Erlebnismagneten aufgestellt waren, der ich die Leute zuhauf (es waren weit über fünfzig Sitzplätze vorgesehen und aufgereiht) anlocken sollte. Leser für die Zukunft dieser innovatorischen Buchhandlung. Die Buchhändler waren jung, wagemutig und zukunftsfroh aus Norddeutschland nach Eisenach gezogen. Hier sollte Lesen und der Kontakt zu den Kunden neu gestaltet werden. Sie kannten meinen Namen von meinem Hamburger Verlag Hoffmann und Campe, der mein Büchlein *Hand in Handy* 1997 herausgebracht hatte. Nagelneu wie die Handys auf dem Umschlag, in der Hand eines zupackenden Mannes, der mit seinem Handy die rotlackierten Finger einer zarteren Frauenhand umschloss. Getrennt vereint. – Aus der Entfernung nahe beieinander, ja umklammert, sollte dieser Schutzumschlag signalisieren, der sich damals noch modern ausnahm und der heute schon wie das Abbild eines technischen Dinosauriers wirkt, so grobknochig mit klobiger Tastatur und sehschlitzartigem Display liegen die beiden Handys ineinander und stecken ihre Antennen wie Fühler aus einem Schneckenhaus, um einander zu suchen und zu finden.

Das Thema meines Buches war einmal die durch Handys wie durch jede technische Neuerung neubestätigte Erfahrung, dass, wie Robert Musil es für den Postverkehr konstatiert hatte, bei jedem Fortschritt ein Bein zurückbleibt. Musil führt als Beispiel an: Früher seien die Postverbindungen langsamer gewesen, dafür aber seien bessere Briefe geschrieben worden. Weiter war das Handy für mich durch eigene und fremde Erlebnisse ein neuer Beleg dafür, dass, je besser die Kommunikation funktioniere, umso stärker die Vereinsamung und Isolierung erfahren werden könne. »Kein Schwein ruft mich an, keine Sau interessiert sich für mich«, singt Max Raabe, und wer je aus Sehnsuchtsgründen oder beruflicher Not auf einen Rückruf oder ein Twitter-Signal oder eine SMS-Antwort gewartet hat, weiß, was ich meine. Daniel Kehlmann hat inzwischen darüber einen

Roman geschrieben, *Ruhm* heißt er, und darin gehen Menschen buchstäblich in der Kommunikation verloren. Auch die Erlebnisbuchhandlung machte mir das am Abend schmerzhaft bewusst. Ich war dabei, in einem leeren Schwimmbecken zu ertrinken.

In zehn Minuten sollte die Lesung beginnen, und es waren noch keine Leute da. »Die kommen schon noch!«, versuchte einer der Buchhändler mehr sich als mich zu trösten, wobei er an mir vorbeiblickte – in Leere. Und er fügte hinzu: »Wir haben die Presse eingeladen.« Die kam dann auch. Fünf finster dreinblickende Männer, drei sehr jung, zwei ziemlich alt. Und es tröpfelten dann auch nach und nach ein paar Frauen in die Buchhandlung. Als ich zu lesen anfing, waren wir zehn. Zu den Männern waren fünf Frauen gekommen, die mit wohlwollend lächelnder Erwartung da saßen. Einer der jungen Kollegen, den man dazu verdonnert hatte, mir zuzuhören, nannte, als er eintraf, einen Grund für das Ausbleiben des Publikums. »UEFA-Cup!«, sagte er bitter. »Juventus Turin gegen Manchester United.« Er blickte mich höhnisch an. So als hätte ich gegen dieses Fernsehereignis ankämpfen wollen. Ein lächerlicher David gegen einen übermächtigen Fußball-Goliath. Live um 20.15 Uhr.

So blickte ich, während mir der Schweiß vor Scham die Stirn und den Nacken hinablief und ich in meinen Taschen nach einem Tempo-Tuch kramte, in die männlich abweisenden Gesichter, die mir zu sagen schienen: Wegen dir Idioten müssen wir ausgerechnet heute hier sitzen, anstatt mit Kumpels in der Kneipe Fußball zu sehen, Bier zu trinken und »Tor!« zu grölen. Und ich versuchte ihnen auf stumme Weise mein unterwürfiges Einverständnis (in einer Art Stockholm-Syndrom) zu signalisieren: Ach, glaubt mir, ich würde auch lieber mit euch bei einem Bier Fußball gucken. Und dabei schämte ich mich gleichzeitig vor den Frauen, die von mir als Vorleser was erwarteten.

Und natürlich las ich schlecht, wie ein Krieger in einer Niederlage kämpfend, die sich vom ersten Augenblick an abgezeichnet hatte.

Ich fühlte mich als Versager, und mir fiel Martin Luther ein, der schließlich hier hoch oben auf der Wartburg über Eisenach die Bibel zu übersetzen angefangen hatte, im Dezember 1521, nachdem ihn Reisige auf Geheiß des Kurfürsten Friedrich des Weisen vor der Reichsacht gerettet und verkappt auf die Wartburg geführt hatten, wo er der Welt und damit der katholischen Bedrohung abhandengekommen war, um als Junker Georg die Bibel zu übersetzen. Auf der Wartburg übertrug er das Neue Testament. Und im kräftigsten Luther-Deutsch fiel mir ein: Aus einem verzagten Hintern kommt kein fröhlicher Furz. Und ich war verzagt, und so verlor ich in der Lesung auch noch die Frauen, nachdem ich die Männer doch nie gewonnen hatte.

Und als ob das nicht genug der Demütigung gewesen wäre, zog mich ein älterer Herr, der aus dem Nichts aufgetaucht war, bei dem schal-verlegenen Umtrunk mit den wenigen Gästen zur Seite, um mir zu sagen: »Sie sehen doch, was hier gelaufen ist!« Und nach einer Pause: »Können Sie den beiden Buchhändlern nicht mit dem Preis entgegenkommen? Ich meine …«

Doch da hatte ich ihn schon unterbrochen und sagte richtig bösartig: »Nein! Ich bin doch nicht an dieser Pleite schuld.« Und dann, als mir das leidtat, fügte ich hinzu: »Aber auf die Fahrtkosten, auf die verzichte ich.«

Dann ließ ich mir ein Taxi rufen und fuhr in den Abend hinaus zu einem Hotel, das am Rand des Waldes lag, in angenehmer Höhe und unangenehmer Einsamkeit, die mein Alleinsein verstärkte. Der Portier, der mich eingelassen hatte, wollte eilig zurück in die große Bar, wo zwei Gäste auf Hockern schräg in die Ecke zum UEFA-Cup-Spiel aufblickten. Ich nahm den Schlüssel, meinen Koffer, fuhr in das dritte Stockwerk hoch, und mich befiel das leere Gefühl, der einzige Gast zu sein. Umso unerbittlicher traf mich ein im Dunkel anspringendes Licht, das mir wie ein Suchscheinwerfer folgte – gnadenlos, wie mir schien. In der technischen Ausstattung war man auch hier weiter als im Westen. Der Fernseher begrüßte mich mit meinem Namen und hieß mich »Willkommen!«. Wenigstens einer, dachte ich, warf mich aufs Bett und starrte Löcher ins Leere.

Plötzlich sprang ich auf, rief den Portier an, bat ihn, ein Taxi zu bestellen, ging mit dem Koffer, den ich nicht einmal geöffnet hatte, zum Lift. Wieder sprang mich auf dem langen Flur das Licht aus der Dunkelheit an. Ich zahlte die Rechnung, das Taxi wartete schon, ich sagte: »Bitte nach Fulda!«, und warf mich ermattet, aber wie befreit auf den Rücksitz.

Erst im Zug fiel mir ein, wie schön ich Eisenach Jahre zuvor erlebt hatte.

Fahrten in den Osten oder: »Wer bin ich?«

Die Fahrten nach der Wiedervereinigung waren für mich auch Erkundungsfahrten in die eigene Vergangenheit: Seit 1952 hatte ich, von offiziösen, DDR-genehmen Reisen abgesehen, die Orte meiner Schulzeit im Erzgebirge und in Bernburg an der Saale nicht mehr gesehen. Die Schule, die Karl-Marx-Oberschule hieß, war jetzt wieder das Carolinum, hoch über der Saale, neben dem kostbaren Renaissance-Schloss und dem Bärenzwinger. Ich las dort in dem Saal, in dem Flüchtlingen, die gefasst worden waren, und Wirtschaftsverbrechern der Prozess gemacht wurde, meine Garderobe war der Raum, von dem aus die Stasi unbeobachtet in den Gerichtssaal hatte blicken können.

Einer meiner Lehrer von 1952 lebte noch, er war über neunzig und eigens von seinem Wohnort nach Bernburg gekommen. Er hatte Biologie unterrichtet, uns den Unsinn der von Stalin zwangsverordneten Lyssenkow-Biologie beigebracht und den Darwinismus als Vorgeschichte der KPdSU. Er war ein liebenswürdiger und freundlicher Lehrer gewesen, der die herrlichsten Stilblüten in reinstem Sächsisch (er kam also nicht aus Bernburg, sondern aus Sachsen) produzierte. Neben den alten Studienräten aus den Kriegsjahren war er der einzige Lehrer neuen Typs, aus der Arbeiter- und Bauernfakultät stammend, ein Mann von großer Wissbegier und fröhlichem Eifer, der sein Wissen auch mit körperlichem Einsatz, nämlich mit weit ausholenden und großen Armbewegungen an uns weiterzugeben versuchte. Das Wiedersehen war erstaunlich selbstverständlich – so als wäre nur die übliche Zeit zwischen Schule und Alter vergangen und als hätten sich nicht ganze Weltlager und ideologische Fronten zwischen uns aufgebaut, als hätte nicht die strikteste Grenze uns ein Leben lang getrennt. Er hatte uns mit optimistischem Feuer belehrt, das auf uns übergriff. Ich, Schurke, der ich war, sammelte seine Stilblüten, als wäre er Professor Galletti im klassischen Weimar: »Das Lanzettfischschen heißt Lanzettfischschen, weil es eine lanzettfischschenförmische Form hat.« Dabei ging es bei dem Tier um ein Beweisstück der darwinschen Evolutionstherorie, die uns Adam und Eva und das verlorene Paradies zugunsten eines künftigen Paradieses aus dem Hirn treiben sollte. Wir glaubten weder an das eine noch an das andere.

Die Saale, die ich jetzt von oben sah, war ungetrübter als zu meinen Schuljahren, wo ich oft im Freibad in dem giftig schäumenden Fluss schwamm und ab und zu Fische als Leichen auf der Oberfläche den Bitterfelder Weg heruntergetrieben wurden. Die Verödung der Industrie war für Saale und Elbe eine große Erholung gewesen – die gleichen zwei Seiten der Medaille, wie sie die Biotope an der Grenze hervorgebracht hatten: die Natur erholte sich am Zerfall der Industrie oder an der Vertreibung der Menschen.

Auf derselben Lesereise kam ich in die wunderschöne jugendstilige Aula nach Stollberg im Erzgebirge zurück, in der ich 1946 gesessen hatte. Selbst da fand ich noch zwei Schulfreunde, die sich an unsere gemeinsame Zeit erinnerten, ich mich aber nicht mehr an sie. Und ich fragte nach Rosie Stiehler, das erste Mädchen, das ich je geküsst habe. Aber niemand hatte die Bäckerstochter wiedergesehen. Nach der Lesung hatte mir der

Veranstalter eine Flasche geschenkt. Später, in meinem kargen Zimmer, fand ich keine Ruhe und keinen Korkenzieher. Ich höhlte den Korken mit einem Obstmesser aus wie ein Verdurstender und musste dann das ganze Bad mühsam von Korkenkrümeln befreien. In Bernburg hatte man mir einen in der Stadt gekelterten Fruchtwein geschenkt. Dort hatte ich auch einen Korkenzieher. Aber nach dem Genuss des edlen Tropfens furchtbares Sodbrennen, die ganze Nacht lang.

In Torgau ging ich vor meiner Lesung an die Elbe und über die Elbe – dort, wo sich Russen und Amerikaner, die Rote Armee und die G. I.s brüderlich in die Arme gefallen waren, nachdem kein Feind mehr zwischen ihnen zu besiegen war. Dort wurde mir klar, wie geschichtsträchtig Deutschland ist, wie Orte ihre Erinnerungen festhalten, an Religionskriege und Erbfolgekriege, und wie das Schicksal, in Duodez-Fürstentümer zu zerfallen, die Landschaft so bunt gestaltet hat. So bin ich bei einer Lesereise auch an Lützen vorbeigefahren, wo im »Roten Hirschen« der Schwedenkönig Gustav Adolf 1632 aufgebahrt worden war, nachdem er, der Schirmherr des Protestantismus, in der Schlacht bei Lützen gefallen war. Ich habe in Bautzen gelesen, wo durch den Dom noch heute ein Gitter gezogen ist, das Protestanten und Katholiken voneinander trennt, das aber ebenso, falls sie es denn noch wollen, weggeräumt werden kann, damit sie gemeinsam beten können. Auf einer anderen Lesereise durch Sachsen-Anhalt habe ich das Pfarrhaus, in dem Nietzsche geboren wurde, besucht, das fast dem Braunkohlenbergbau zum Opfer gefallen wäre, der sich in die Landschaft frisst.

Und ich habe, bei wiederholten Besuchen, den Wiederaufbau der Dresdner Frauenkirche erleben dürfen – von den markierten Trümmersteinen, die da lagerten und auf den Wiederaufbau warteten, bis zur Vollendung dieses Gotteshauses, auch das ein Zeichen für den toleranten König August den Starken, der als König von Polen Katholik war und mit der Frauenkirche den Protestanten die größte Kuppelkirche nördlich der Alpen ermöglichte. Reformation und Gegenreformation haben überall ihre Spuren hinterlassen, wo es in einem neuen Glaubens- und Machtkampf zur Teilung kam.

Überall aber, wo ich in den neuen Bundesländern las, etwa auf Vermittlung des sehr regsamen Brandenburgischen Literaturbüros, auf Einladung der in den Hansestädten erfolgreichen Buchhandlungskette Weiland, die mir immer ausverkaufte Lesungen eines neugewonnenen treuen Publikums bescherte, stieß ich auf die Spuren des Krieges, für den Gustav Adolf gestorben war – ob in den Annalen auf Rügen oder Usedom, in Putbus oder in den Bädern Heringsdorf oder Ahlbeck, die sich der deutsche Kaiser im 19. Jahrhundert bauen ließ, weil der Rest der Küste noch schwedisch war.

Überall in den neuen Bundesländern konnte ich in den Jahren nach 1989 mit eigenen Augen sehen, wie die Rettung für die zerfallenden Städte buchstäblich im letzten Moment kam – ob in Leipzig oder Dresden, in Halle oder Quedlinburg. Die meisten Städte waren dabei, unaufhaltsam zu versinken, in sich selbst zusammenzufallen – Ruinen vergangener Zivilisation. Und bei jedem Besuch in Leipzig, wo man unter anderem in der Moritzburg ein wundervolles Forum findet, war wie mit Händen zu greifen, dass da historische Bausubstanz gerettet oder rekonstruiert werden konnte.

Am 11. September 2001 fuhr ich zu einer Lesung nach Quedlinburg. Die Stadt, im nördlichen Vorharz gelegen, ist ein Fachwerkhaus-Paradies, fast zu schön, um wahr zu sein. Es wirkt wie ein östliches Pendant zum westlich vom Harz gelegenen Goslar mit seiner Kaiserpfalz. Die von alten Mauern und Gräben umgebene Stadt, über der ein trutziges Schloss mit einer Schlosskirche thront, war im 10. Jahrhundert eine Burg Heinrichs I., an deren

Stelle Otto der Große 936 ein Frauenstift errichtet hatte. Der Dom enthält die Gräber von Heinrich I., seiner Gemahlin Mathilde, in der Fürstengruft sind Särge von Stiftsdamen – kurzum: Quedlinburg ist eines der Kleinodien deutscher Städtebaukunst, von der Romanik und Gotik über das Barock und die Renaissance, und erwuchs nach der Wende bald wieder in alter Pracht.

Es war nicht leicht, nach Quedlinburg zu kommen, man näherte sich der Stadt gemächlich, mit Nahverkehrszügen, musste ein paarmal an kleinen Stationen umsteigen. Im Zug damals hatte ich nur gelegentlich Handykontakt. Gegen Mittag erreichte mich in dem nur schwach besetzten Wagen ein Anruf meiner Frau, die fragte, wann ich denn Gelegenheit haben würde, den Fernseher einzuschalten. Und dann erzählte sie mir, dass fortgesetzt gezeigt werde, wie die Twin Towers, die Zwillingstürme des World Trade Centers, einstürzten. Durch einen Terroranschlag. Ebendas, was später lakonisch »Nine Eleven« heißen sollte. Der Großangriff bin Ladens auf New York und Washington.

Ich war so aufgeregt, dass ich meine Handy-Erkenntnisse an die wenigen Mitreisenden weitergab.

In Quedlinburg auf dem Bahnhof empfing mich der Buchhändler, auch er war sehr aufgeregt. Die Lesung sei wegen der hohen Gästenachfrage in eine Kirche verlegt worden. Ich fragte ihn, ob er denn nichts von New York gehört habe, von den Terroranschlägen auf das Herz des Kapitalismus, das World Trade Center. Doch, doch, sagte er. Schrecklich sei das. Und furchtbar! Ungeheuerlich. Um dann doch gleich auf meine für heute Abend vorgesehene Lesung zurückzukommen. Ich sagte, dass ich Texte aus meinem Glossenbuch *Mit Kanonen auf Spatzen* zum Vorlesen vorgesehen hätte. Und Passagen aus meinem Roman *Betrug*. Auch dieser von der unfreiwilligen Komik der Seitensprung-Akrobatik geprägt.

Könne er sich so etwas, und dazu in einer Kirche, unmittelbar nach dem größten terroristischen Anschlag auf die freie westliche Welt vorstellen?

»Warum denn nicht?«, fragte er. Und beruhigte mich, als er mein konsterniertes Gesicht sah, mit der Bemerkung: Natürlich würden wir zu Beginn der Lesung auf dieses außerordentliche Ereignis eingehen. Aber schließlich sei die Lesung ausverkauft, und die Zuhörer seien gekommen, um mich zu hören.

»Mit Geschichten aus dem Band, der *Mit Kanonen auf Spatzen* heißt?«, fragte ich verzweifelt. Jetzt, wo drei Verkehrsmaschinen mit Hunderten von Passagieren in aufflammende Wolkenkratzer gestürzt sind?«

Das alles, beruhigte er mich, würden wir anfangs gebührend berücksichtigen. Er könne sich auch vorstellen, zu Beginn der Veranstaltung ein Fernsehgerät auf die Bühne zu stellen, um den Leuten den aktuellen Stand der schockierenden Terrortat vor Augen zu führen. Alles aber, was er noch sagte, klang nach dem alten Theatermotto: The show must go on! Es sei schließlich eine lange ausverkaufte Lesung.

Im Auge des Zyklons herrscht Ruhe. Und wir waren im Auge des Zyklons. Am gleichen Abend nach der Lesung und dem Bücher-Signieren habe ich dann die ganze Nacht in meinem Zimmer vor dem Bildschirm gesessen und immer wieder Flugzeuge in die Türme rasen sehen, die wie in einem Feuersturm zerbarsten und zerfielen. Es waren Bilder, wie wir sie von Katastrophenfilmen wie *The Towering Inferno (Flammendes Inferno)* kannten. Kommentatoren sagten, dass von nun an nichts mehr sein würde wie vorher. Auch das glaubte ich. Und es stimmte auch. Und stimmte auch nicht.

Dieses Jahr sah ich im Fernsehen, wie – elf Jahre später – Osama bin Ladens Versteck gestürmt wurde. Auch das ein Schrecken wie in einem Weltuntergangsthriller. Später wurde im Fernsehen gezeigt, wie die US-Regierung diese Szene auf dem Bildschirm beobachtet. Wie Hilary Clinton, die Außenministerin, die Hände im Schrecken vor den Mund schlägt. Wie wir es bei 9/11 getan hatten. Bei der Erstürmung Bagdads. Bei den Schreckensbildern aus Aleppo und Damaskus, zur Zeit, wo ich das schreibe, jede Stunde. Nichts mehr ist wie vorher! Das mag sein. Aber auch dagegen sind wir inzwischen abgestumpft.

Görlitz ist auch so eine Stadt, die für mich befrachtet und überbefrachtet ist mit deutscher Geschichte und mit meiner Geschichte. Sie liegt an der Neiße. Der Lausitzer Neiße. Die mit der Oder zusammen die Oder-Neiße-Grenze gebildet hat, die Grenze zwischen Deutschland und Polen. Die Grenze, die Polen und die DDR, beide unter den übermächtigen Fittichen der Stalin-Diktatur, als Friedensgrenze akzeptiert hatten. Und deren Undurchdringlichkeit ich am eigenen Leib erfahren hatte.

Ich war als Elfjähriger mit meinen Eltern aus Niederschlesien »ausgesiedelt« worden. »Ausgesiedelt« war die offizielle Lesart in der Ostzone für das, was in den Westzonen »Vertreibung« hieß. Für mich war es das Gleiche, und ich erinnere mich, wie wir gar nicht so traurig waren, als wir von den Polen »umgesiedelt« respektive »vertrieben« wurden. Auf in ein neues Glück, dachte ich in kindlichem Leichtsinn. Es könnte nur alles besser werden. Aber auch das war relativ. Wir wussten nämlich nicht, wohin wir mit Viehwaggons gebracht werden sollten, es war wie eine Münze hochwerfen. Kopf oder Zahl. Ost oder West, Vertriebener oder Umsiedler. Hätte es sie damals schon gegeben, hätten wir die »Arschkarte« gezogen gehabt. So nannten wir es nur »Pech«, weil wir im Erzgebirge landeten. Dort war erstens eindeutig die »Ostzone«, und es war neben den Großstädten eines der ärmsten Gebiete des damals hungrigen Deutschlands. Wenn ich jetzt auf meinen langen Lebenslauf zurückschaue, nehme ich achselzuckend den Standpunkt ein: Wer weiß, wozu es gut war?

Jedenfalls fuhr unser Zug die für heutige Verhältnisse kurze Strecke von Schweidnitz in Niederschlesien bis Stollberg mit mehreren stundenlangen und tagelangen Halten in vier Tagen. Und er fuhr über Görlitz und Dresden. Und ich hatte Görlitz im Jahr 2000 seit 1946, seit vierundfünfzig Jahren, nicht wiedersehen können, dürfen und wollen. Und nun war ich hier auf einer Lesung gewesen, und die Erinnerung kroch mir als vages melancholisches Gefühl über den Rücken, als ich am Morgen durch das sonnige, seltsam menschenleere Görlitz mit seinen großzügigen Renaissance-Bauten zum Bahnhof ging. Ich zog einen handlichen Koffer hinter mir her und dachte, dass es auch den Ziehkoffer damals, 1946, noch lange nicht gab, auch nicht das Schwarzweißfernsehen, dem wir die »Arschkarte« verdanken, geschweige denn das Farbfernsehen oder gar die Wiedervereinigung und das Handy, das damals, 2000, beileibe noch keinen Touchscreen hatte. So wirbelten meine Gedanken beim Erinnern die Zeiten, Moden, Angewohnheiten und Worte durcheinander: Damals 1946 hatten wir »Pinkel«, wie meine Mutter mit Wäscheleinen zusammengebundene »Bündel« nannte. Und wenn wir Koffer hatten, dann überquellende aus Pappe, die arg ramponiert waren, mit Rissen und abgestoßenen Ecken und Schlössern, die meist nicht mehr schlossen, sodass sie mit Riemen oder Schnüren zusammengebunden wurden wie Pakete.

Und dann dachte ich, wer weiß, wie es mir gegangen wäre, wenn wir damals von Görlitz weitergefahren wären, sagen wir nach Hof, also »zu den Amerikanern«, oder nach Uelzen, also »zu den Engländern«, statt »zu den Russen« …

Doch dann, im Zug, hatte ich eine weitere Identitätskrise, die mich all das, samt der schönen Lesung in Görlitz, die gut besucht war, vergessen ließ.

Am Bahnhof bekam ich all die Samstagsausgaben der Zeitungen, samt Samstagsbeilagen. *Die Welt, die Süddeutsche,* die *FAZ,* den *Tagesspiegel* (für den ich damals arbeitete) und, natürlich, die *Sächsische Zeitung,* die mich, soweit ich weiß, zur Lesung nach Görlitz eingeladen hatte. Und natürlich die *Bild.* Es war ein wunderschöner, fast makelloser Maienmorgen, als ich von Görlitz aus Richtung Berlin fuhr. Über Cottbus. Also eine weitgehend naturbelassene oder dank der »blühenden Landschaften« in die Natur zurückfallende Reisestrecke mit gelben Rapsfeldern, grünen Wäldern und rostbraunen Ziegelruinen mit trüb-blinden Fenstern.

Ich saß alleine in einem Abteil, es war 7.30 Uhr, helle Sonne fiel schon durchs Fenster, als der Schaffner eintrat und mich wohlgelaunt begrüßte.

»Kann es sein, dass ich Sie kenne?«, fragte er, nachdem er meine Fahrkarte überprüft hatte. Und gleichzeitig: »Kann ich Ihnen einen Kaffee bringen?«

Ich sagte: »Ja. Schwarz. Kein Zucker. Keine Milch.« Und schon war er wieder verschwunden.

Als er mit dem Kaffee wiederkam (»So, schwarz! Keine Milch, keinen Zucker!«) und ich bezahlt hatte, fragte er, ob ich Autogrammkarten dabeihätte. Wie immer hatte ich die nicht dabei und sagte: »Leider nein!« Und bevor ich noch die übliche Antwort nachschob: »Aber Sie können mir gern einen Briefumschlag an meine Adresse schicken, dann bekommen Sie Ihr Autogramm!«, hatte er schon gesagt: »Schade! Jetzt wird mir niemand glauben, dass ich Sie im Zug getroffen habe.«

Niemand glauben?! Ich fand die Bemerkung ziemlich übertrieben und wollte mich, als er gegangen war, meinen Zeitungen, meinem Kaffee zuwenden und mich den Blicken aus dem Abteilfenster überlassen, eine stundenlange Fahrt vor mir. Doch schon war der Schaffner wieder da, pflanzte sich in seiner ganzen stattlichen Leibesfülle vor mir auf und stemmte die beiden Arme in die Hüften:

»Waren Sie eigentlich überrascht, dass Sie den Nobelpreis bekommen haben?«

Mich durchfuhr ein Schreck, denn ich wusste, jetzt wird's peinlich, jetzt wird's unangenehm. Also sagte ich, Feigling, der ich bin, um Zeit zu gewinnen, ziemlich vage: »Oooch!?« Und als der Schaffner die Frage nachschob: »Aber gefreut haben Sie sich doch sicher!«, antwortete ich wieder: »Ooch.«

Als der Mann gegangen war, brach mir der Angstschweiß aus, und ich zog in dem leeren Abteil, in dem ich saß, die damals noch vorhandenen Gardinen zum Gang zu und versuchte zu lesen, aber es gelang mir nicht.

Mein Gott, was mache ich jetzt nur! Was mache ich jetzt nur?, dachte ich. Der Schaffner erzählt jetzt wahrscheinlich all seinen Kollegen, dass er Günter Grass – denn der musste ich in seinen Augen sein, Thomas Mann und Heinrich Böll waren ja schon tot, und Elfriede Jelinek und Herta Müller, an die ich naturgemäß im Jahr 2000 noch nicht im mindesten dachte, auch weil sie Frauen waren und deshalb auch später nie mit mir verwechselt werden würden – dass er also Günter Grass im Zug getroffen habe. Die würden durch die geschlossenen Vorhänge in mein Abteil linsen und den Schaffner fragen, ob ich mich wirklich für Günter Grass ausgegeben hätte. »Grass? Günter Grass?«, würden die sagen. »Das ist der niemals! Grass hat einen Schnauzer. Und überhaupt! Das da ist ein Hochstapler!«

Was mache ich nur. Was mache ich nur? Ich machte mich klein und krumm hinter der Zeitung und hoffte, dass es in Cottbus einen Personalwechsel geben würde.

Ich hoffte vergeblich. Also fasste ich mir ein Herz, ging zum Schaffnerabteil, öffnete es, nachdem ich höflich angeklopft hatte, und sagte: »Übrigens, Sie wissen schon, dass Sie mich verwechselt haben? Ich bin nicht Günter Grass!«

»Das weiß ich inzwischen auch, Herr Kasarek!«, sagte der Schaffner und lächelte ziemlich schief.

Kasarek!

Von da an bis zur Ankunft in Berlin blickten der Schaffner und ich jedes Mal zur Seite, wenn wir uns im Gang begegneten. So wie zwei Menschen es versuchen, die sich etwas Unangenehmes zugemutet oder gar angetan haben. Ich habe ihm auch nicht mehr vorgeschlagen, ihm eine Autogrammkarte mit der Post zu schicken. Es wäre eine Beleidigung für ihn gewesen. Natürlich habe ich den Schaffner auch nicht danach gefragt, wie er denn darauf gekommen wäre, mich für Günter Grass zu halten. Aber ich habe es mir auch so einigermaßen schlüssig zusammengereimt:

Am 30. September 1999 bekam Günter Grass den Literatur-Nobelpreis zuerkannt. Endlich! Er hatte seit Jahrzehnten darauf gewartet, war immer wieder, von Jahr zu Jahr, vor der Frankfurter Buchmesse als Kandidat für die höchste, auch spektakulärste Auszeichnung, die in der Welt der Bücher zu vergeben ist, gehandelt worden. Der Literatur-Nobelpreis, gesondert von den anderen, den naturwissenschaftlichen und medizinischen Nobelpreisen vergeben und in Stockholm gesondert verliehen, stellt die weltumfassende Kraft und Macht der Schriftsteller und ihrer Bücher in das Scheinwerferlicht einer Welt, die glaubt, mit der Literatur eine friedliche geistige Globalisierung zu betreiben. Damit ist der Literatur-Nobelpreis dem Friedensnobelpreis am nächsten. Er ist eine Art Wanderpokal für humanitäres, vorurteilsfreies Denken und Schreiben. Als Heinrich Böll den Literatur-Nobelpreis und Willy Brandt den Friedensnobelpreis erhielten, war das auch als eine Wiederaufnahme Deutschlands in die Weltkultur und Weltliteratur gedacht gewesen – eine Anerkennung des deutschen Sozialdemokratismus durch den skandinavischen Geist des schwedischen und norwegischen Sozialismus. Auch bei Grass spielte sicher, neben der als berserkerhaft eingeschätzten *Blechtrommel* und ihrer barockanarchischen Wucht, sein Einsatz für die »Wandel durch Annäherung«-Politik der SPD eine Rolle.

Am 30. September waren die fetten Eilmeldungen über alle Agenturen gelaufen. Der NDR hatte mich telefonisch auf einer Reise erreicht und wollte mich am späten Abend zu einer Sondersendung nach den *Tagesthemen* nach Lokstedt holen. Ich hatte zugesagt, kam knapp vor der Sendung in Hamburg an, nahm ein Taxi zum Studio in Lokstedt, das in der Nacht wie ausgestorben wirkte. Hier in den Fernsehstudios war nur noch die Nachtbesatzung der *Tagesthemen* bei der Arbeit. Uli Wickert und seine Redaktion. Die Grass-Extrasendung wurde von der Kulturredaktion vorbereitet. Ich wurde aus einem gespenstisch leeren Studiohaus in die Maske gebracht, die Live-Sendung sollte aus dem Studio der *Tagesthemen* ausgestrahlt werden. Zugeschaltet sollte in Lübeck Günter Grass in einer Kneipe sein, wo er seinem bodenständig hemdsärmeligen Image entsprechend sich mit ein paar Freunden feiernd zuprosten sollte. Der Ball im feierlichen Smoking und die festliche Verleihung im Frack würden erst Monate später in Stockholm nachgeholt werden. So war also eine Hin-und-her-Schalte zwischen dem Hamburger Studio und der Lübecker Stampe, wo Nachbarn und Freunde Grass hochleben ließen und schon feierten, vorgesehen. Ich sollte als Teilnehmer des *Literarischen Quartetts* meinen Kommentar dazu geben. Ich weiß nicht mehr, ob man Marcel Reich-Ranicki nicht hatte erreichen können oder wollen. Er war kurze Zeit vorher auf dem Titel des *Spiegels* erschienen. Wie er ein Buch von Grass, wie ein Zampano ein Telefonbuch, in der

Luft zerriss. Reich selbst war von dem Titelbild nicht begeistert gewesen, sein Verriss des Grass-Romans über die deutsche Wiedervereinigung, *Ein weites Feld*, von 1995 war aber ebenso klar wie eindeutig gewesen.

Natürlich konnte es zwischen mir im Hamburger Studio und dem Hochgeehrten und fröhlich Feiernden in Lübeck keinen direkten Kontakt geben. Ich durfte, wollte und konnte ihn aus der Distanz feiern und preisen: Man nennt so etwas eine spontane Einordnung des preisgekrönten Autors und seines Werks. So sah das also in der Planung aus. Ich wurde geschminkt und gekämmt, während im kleinen Fernseher in der Maske Ulrich Wickert die *Tagesthemen* moderierte. Grass war die Topmeldung. Und Uli Wickert, der Grass kannte und ihm freundschaftlich verbunden war, konnte da sehr persönlich werden. Er kündigte auch den Kommentar an.

Ich sollte direkt von der Maske durch die labyrinthischen Wege des NDR ins *Tagesschau*-Gebäude gebracht werden. Damit ich mich nicht verlaufe, sollte mir eine Volontärin auf dem Weg entgegenkommen. Als ich in der dunklen, neondämmrigen Weite vor der Maske stand, sprang mir tatsächlich leichtfüßig ein sehr freundliches, sehr hübsches, sehr junges Mädchen entgegen und rief mir, noch ehe ich etwas sagen konnte, fröhlich atemlos entgegen: »Zuerst einmal möchte ich Ihnen herzlich gratulieren!«

Ich ließ das Rätsel dieser herzlich-zugeneigten Begrüßung ungelöst – schon weil ich die Bewunderung, die aus den Augen der Lotsin blitzte, genoss, auch wenn ich vermutete, dass sie nicht auf mich gemünzt war. Vermutlich war sie mit dem Auftrag, den Gast zur Grass-Nobelpreisverleihung ins Studio zu holen, losgeschossen und hatte irgendetwas durcheinandergebracht, und Literatur war auch nicht ihr Hauptfach, dachte ich nachsichtig. Weder fragte ich noch korrigierte ich sie, und vielleicht hat sie mich auch wirklich nur dazu beglückwünschen wollen, dass ich als Kritiker den Nobelpreisträger feiern durfte. Wer weiß?

Wie auch immer, sollte sie der Sendung zuschauen, während ich redete, würde sich das Missverständnis, falls es eins gab, schnell auflösen. Ich vergaß alles, hatte sie auch nach der Sendung im leeren NDR nicht mehr gesehen und fuhr mit einem vorbestellten Taxi nach der Sendung in die Nacht. Nach Hause. In der Lübecker Kneipe hat Grass sicher noch eine ganze Weile glückselig seinen erfüllten Lebenstraum gefeiert.

So, und jetzt noch einmal zum Schaffner. Der war, wie ich mir ausmalte, müde vom Dienst nach Hause gekommen und hatte auf dem Bildschirm etwas von Nobelpreis und Günter Grass gehört und gesehen. Und hatte dann mich durch zufälliges Zappen – denn auch in ihm vermute ich keinen besonders großen Literaturfreund und -kenner – in den Blick bekommen. Er hatte mich meine Sätze sagen hören, bedächtig, langsam, hatte dann gedacht: Aha, Günter Grass. Und es damit auch genug sein lassen. Entweder hatte er sich in ein bunteres Programm mit Frauen und Wein weggezappt, oder er hatte kurz mitgekriegt, wie Grass mit Freunden dem Nobelpreisträger im Hamburger Studio zuprostete, oder er hatte gleich ausgeschaltet und den wohlverdienten Schlaf gesucht und gefunden. Und Monate später traf er mich im Zug und dachte: Das war der doch. Der, kurz bevor ich einschlief, den Nobelpreis bekommen hat.

Fernsehen bildet! In der ersten Reihe.

Irrfahrten von Gleis 14

Manchmal sind auch die anderen schuld. Jede Reise, also auch jede Lesereise, ist ein Zusammenstoß zwischen eigener Planung und nicht selbstverschuldeten Umständen, zwischen Fehlern, die man selbst macht, und Missverständnissen, die andere herbeiführen. Auf der einen Seite ist das reisende Ich durch eine geschickte und wohlabgestimmte Vorbereitung der Verlagsmitarbeiter wie auf Rosen gebettet. Sie haben mir Zugverbindungen herausgesucht, mit den Veranstaltern Hotels besorgt, mich auf Nebenstrecken von Buchhändlern und Bibliothekaren mit Autos abholen lassen, Tische in Restaurants bestellt, in denen ich mich vor den Lesungen stärken oder nach den Lesungen entspannen konnte. Es war – eigentlich – für alles bestens vorgesorgt. Die »örtliche Presse«, die lokalen Rundfunk- und Fernsehanstalten schickten Journalisten, die mich gescheit und gut vorbereitet interviewten. Sie stellten mir die richtigen und wichtigen Fragen, bauten mir mit bestem Willen und größter Freundlichkeit eine Sprungschanze für den Erfolg in ausverkauften Sälen, gutbesuchten Buchhandlungen oder wohlgefüllten Bibliotheken.

Manchmal haperte es, aber auch das war schön. So beispielsweise, als zwei hinreißend junge und unbekümmerte Kolleginnen einer aus lokalen Sendern bestehenden Privatsenderkette mich in der Hotelhalle mit freundlicher Erwartung begrüßten, als ich mit dem Rollkoffer etwas verspätet vom Zug kam, und eine der beiden mich zu meiner Billy-Wilder-Biographie gleich mit ihrer ersten Frage entwaffnete:»Haben Sie Billy Wilder eigentlich je persönlich kennengelernt?«

Anstatt sie missmutig darauf hinzuweisen, dass ein Blick auch nur in den Klappentext meines Buches ihre Frage beantwortet hätte, blickte ich in ihr sanft errötendes Gesicht und – ich habe vergessen, was ich ihr geantwortet habe. Es war jedenfalls so schleimig, dass ich ihr jegliche Verlegenheit erspart habe. Es war jedenfalls nicht nur die Hilflosigkeit eines alten Mannes vor einer jungen Frau, sondern vielleicht auch skrupelloses Kalkül: Ich wollte ja, dass sie gut über mich berichtet und sich nicht darüber ärgert, dass da ein alter Besserwisser sie eitel darauf hinweist, dass sie sich auf dieses Interview nur mangelhaft vorbereitet habe – wie ein Deutschlehrer, der ein»Mangelhaft! Setzen!« gegenüber einer ertappten, unvorbereiteten Schülerin als Verdikt ausspricht.

Vielleicht waren es in Wahrheit sogar kollegialere Überlegungen. Mein Gott, dachte ich, wahrscheinlich musste die junge Kollegin heute Vormittag eine Gartenausstellung besuchen und mittags bei einer Verkehrsveranstaltung der örtlichen Polizei ein Interview führen oder einen Arzt im Krankenhaus zu einem Unfall befragen. Und da erwartete ich von ihr, dass sie zwischen vier und halb fünf auch noch Zeit für einen Blick in mein Buch hätte finden können. War nicht auch ich mal als junger Volontär zu einem Bläserkonzert der Post, zu einem Hubschrauberflug in einer US-Airbase, zu einem Studentenball in Schwabing geschickt worden? Und hatte nicht Marcel Reich-Ranicki einmal entwaffnend zu mir gesagt, von einem bestimmten Thema verstehe er so viel wie von Ackerbau und Viehzucht? Also nichts. Und hatte mir Frau Bloch nicht, neben ihrem Mann sitzend, maliziös von dem großen Hans Mayer und seiner Eloquenz berichtet, als Peter Weiss auf der Tagung

der Gruppe 47 in Saulgau im April 1966 aus seinem Marat /
Sade-Stück vorgelesen habe? »Stellen Sie sich vor«, sagte sie,
»Hans Mayer war bei der Lesung nicht im Saal. Und hat dann
doch bei der anschließenden Diskussion das meiste und klügste
zu dem Text gesagt.«

Das alles ging mir, als ich in das neugierige Gesicht der jungen Reporterin schaute, natürlich nicht durch den Kopf. Stattdessen benutzte ich ihre Frage nach Billy Wilder, um ein eitles
Pfauenrad zu schlagen und von meiner ersten Begegnung mit
ihm zu erzählen. Völlig sinnlos gingen mir ein paar Zeilen eines
Ringelnatz-Gedichts durch den Kopf:

Ich nahm einer Wanze das Leben,
Die mich nur gejuckt hat. –
Unsereiner
Wird immer kleiner,
Je tiefer er ins Leben geguckt hat.

Ein anderes Mal, in Wismar, saß ich am Morgen nach der
Lesung vor dem Hotel, blickte auf den Markt, genoss die Post-
kartenansicht eines hanseatischen, norddeutschen Platzes mit
Backsteingotik und Häusern mit den hanseschen Ziergiebeln
und badete bei einem Kaffee im Sonnenlicht, das Gesicht zufrieden blinzelnd schräg nach oben gerichtet. Alles war gut gelaufen, die Lesung war gut besucht gewesen. Mein Zug nach
Hamburg würde in einer Stunde gehen. Zum Bahnhof war es
nach Auskunft der rundlich-freundlichen Frau an der Hotel-
rezeption nur eine kurze Fahrt mit dem Taxi.

»Höchstens zehn Minuten, Herr Karadžić!«

Sie hatte mich schon, als ich zum Frühstück und zum Auschecken heruntergekommen war, mit voller Nennung meines
Namens begrüßt, den sie bei jeder Antwort wiederholte. Karad-

žić, wie der serbische General, der damals in aller Munde war, weil man ihn aufgespürt und dem Kriegsverbrechertribunal in den Haag ausgeliefert hatte. Karadžić, dachte ich und sah in ihr freundliches Lächeln, mit dem sie mich zum Kriegsverbrecher machte, aber dabei schon wusste, dass ich der nicht war, sondern nur einer, der auch mit »Kara« anfing. Und den sie irgendwie aus dem Fernsehen kannte. Man kann es sich nicht immer aussuchen, dachte ich. Früher, als Herbert von Karajan noch lebte und als Maestro der Salzburger Festspiele und Chef der Berliner Philharmoniker in aller Munde war, wurde ich ab und zu nach ihm benannt. Das war viel schmeichelhafter – trotz seines viel höheren Alters und seiner Nazi-Vergangenheit, die ihm, wie Karl Böhm und vorher Furtwängler, alle Welt nachsah. Niemand verwechselte mich wirklich mit Karajan, nur mein Name klang eben so ähnlich.

Vorbei. Jetzt war ich Karadžić. In der Kulturversion. Der Karadžić vom ZDF. Ich bestellte vorsorglich das Taxi für eine halbe Stunde vor Abfahrt des Zuges.

»Selbstverständlich, Herr Karadžić!« Wieder dieser entwaffnend freundliche, lächelnde Blick.

Doch auf einmal wurde es eng. Eine Viertelstunde vor der Abfahrt war das Taxi noch nicht da. Ich monierte es bei der Rezeptionsdame.

»Sofort, Herr Karadžić. Ich rufe gleich noch einmal an.«

Es vergingen fünf Minuten. Acht Minuten. Das Taxi kam nicht. Wieder ging ich zum Empfang. Wieder sagte sie: »Es muss gleich da sein, Herr Karadžić!«

Ich war jetzt sehr nervös, weil ich Angst hatte, den Zug nach Bad Kleinen und damit den für mich wichtigen Zug nach Hamburg zu verpassen.

»Es ist aber nicht da«, blaffte ich sie an. »Und ich versäume den Zug.«

»Ja, Herr Karadžić …«, fuhr sie fort, »ich …«

Und da unterbrach ich sie wütend: »Und nennen Sie mich nicht immer Karadžić! Ich bin kein serbischer Kriegsverbrecher!«

Ihr Gesicht habe ich beim Rausrennen nicht mehr gesehen. Ich dachte nur, mein Gott, ich versäume den Zug! Aber da hielt ein Auto, und ein Mann, der mich aufgeregt hin und her laufen sah, sagte: »Sind Sie nicht Herr Karasek?« Ich sagte: »Ja, ich bin's.« Und dann fragte ich ihn, ob er mich nicht schnell zum Bahnhof fahren könne, ich würde meinen Zug sonst versäumen.

Er hat mich sofort zur Bahn gefahren. Das liege ohnehin auf seinem Weg. Er würde zu einem Sonderangebot zu einem Supermarkt fahren, der hinter dem Bahnhof, jenseits der Schienen liege. Und ich war so glücklich, dass er mich erkannt hatte und so ökonomisch bewusst dachte und handelte. Und mein Zug hatte glücklicherweise »rund fünf Minuten« Verspätung, sodass ich ihn spielend erreichte. Die freundliche Rezeptionsfrau, die mich Karadžić genannt hatte, habe ich nicht wiedergesehen. Aber als ich im Zug saß, hätte ich mich sogar für meinen Ausfall entschuldigt. Denn nichts geht so schnell vorbei wie Stress, der sich als unnötig erweist und in Nichts auflöst.

Lesereisen sind manchmal »Ochsentouren«, sie erinnern an Vertreter-Reisen, wie sie Arthur Miller in seinem Stück *Tod eines Handlungsreisenden* geschildert hat. Oder Martin Walser in seinem Roman *Halbzeit*. Schließlich Jonathan Franzen in seinem Buch *Die Korrekturen*, in dem er vom Vater des heranwachsenden Helden erzählt, der von Ort zu Ort reist, in abgelegenen Hotels übernachtet, die billigen, in Wahrheit oft sehr teuren Vergnügungen in Nachtlokalen vermeidet oder ihnen, noch schlimmer, nachgiebig-gierig in die Hände fällt.

Stumpf endende Tage sind das, mit dem obligaten Lampenfieber vor der Lesung, dem ängstlichen Blick in den Saal, das Kino, die Buchhandlung, die Bibliothek: Sind genug Leute da? »Es sind«, sagt der Buchhändler kurz vor der Veranstaltung. »Es werden genug«, sagt die Bibliothekarin, und man hört das wunderbare Wort »ausverkauft«.

Danach, wenn man noch etwas isst, mit schlechtem Gewissen, weil es so spät ist, mit noch schlechterem, weil es auch noch nicht gut ist – es gibt abenteuerliche »Italiener« in der Provinz, die mit italienischer Küche, toskanischer Qualität, apulischer Rustikalität, venezianischer Finesse oder römischer Urbanität nicht das Geringste gemein haben. Und später dann, wenn man, Gott behüte, noch mit dem Nachtportier ein Glas Wein trinkt, ja, da zerfleddert das Leseerlebnis in grundlose Leere, man schaut aus dem Fenster auf den nächtlichen Marktplatz, den abgelegenen Parkplatz, hört den plätschernden Brunnen, der die Schlaflosigkeit nur leicht mildert. Man wacht auf, die Wäsche liegt im Zimmer verstreut, der Koffer füllt sich von Tag zu Tag mit mehr Schmutzwäsche, die man in Plastiktüten verstaut, um ihren Geruch zu isolieren. Zahnpasta wird man kaufen müssen. Rasierschaum. Wieder ist ein Kamm spurlos verschwunden. Wieder sucht man fieberhaft nach seinem Lieblingsfüller. Ah, da ist er ja, Gott sei Dank!

Dabei hat man es doch so gut. Plakate mit dem eigenen Bild begrüßen einen in der Stadt, zumindest im Schaufenster der Buchhandlung. Man hat sich das Plakat mit dem Überkleber »Ausverkauft« zur Genugtuung mitgenommen. Man hat sich die Seite der Lokalzeitung mit der Ankündigung herausgerissen, damit man einen wirklichen Existenzbeweis für den vergangenen Tag hat.

Ich sehe das Programm vom Glossenbuch *Karambolagen*: 19. 9. 2002 Dussmann, Berlin. 5. 10. Würzburg, 280 Zuhörer.

13. 10. Nürnberg, Matinee, 150 Zuhörer. 14. 10. 11 Uhr vormittags Carl-Spitzweg-Gymnasium, Germering bei München. 14. 10. 20 Uhr Augsburg, 70 Zuhörer, 50 signierte Bücher. 15. 10. Freiburg, 180 Zuhörer, ausverkauft, wunderbares Essen und wunderbare Übernachtung in einem Lieblingshotel, dem Colombi mit seinem großartigen Restaurant. Dann aber wieder Regensburg, 16. 10., was für eine Stadt und 170 Zuhörer, und Bamberg, 18. 10., noch schöner, 200 Zuhörer, und Wismar, 18. 10. im Zeughaus, 200 Zuhörer, und Rostock, 150 Zuhörer, am 19. 10, am 30. 10. in Schwerin im Speicher mit 220 Menschen, und am 31. 10. Lübeck.

Zwölf Lesungen in einem Monat. Wer war wo, was war wann? Die Wäsche habe ich nach Hause geschickt, die geschenkten Rotweine weiterverschenkt und zwei Hemden und Unterwäsche dazugekauft in Bamberg. Warum auch nicht?

Erfolg der Reise: Kein Handy verloren, keine Kreditkarte versust, keinen Mantel im Zug hängen lassen. Längst habe ich vergessen, wie das Wetter war im Oktober, im Süden und im Norden 2002. Und kein anderes Land der Erde hätte so viele Orte zu bieten, in denen man schöne Säle findet, lebendige Bibliotheken, heimelige Buchhandlungen, kleine Theaterchen – alles die schönste Folge von Zeiten, als Deutschland aus unzähligen Residenzen bestand.

Bautzen und der
Räuberhauptmann Karasek

Das östliche Sachsen, Dresden, das Elbsandsteingebirge, die Sächsische Schweiz, das Gebiet in der Nähe des Laufs der Neiße, wurde zu Zeiten, als die DDR schon als zweiter deutscher Staat von der Regierung Brandt »um des lieben Friedens willen« und unter dem Gebot der friedlichen Koexistenz (gegen die Gefahr der atomaren Katastrophe) anerkannt worden war, mit dem wir eine besondere Art diplomatischer Beziehungen führten, also dieses östliche Sachsen wurde bis zum Fall der Mauer das »Tal der Ahnungslosen« genannt. Wie soll man das späteren Generationen vermitteln und erklären? Ganz einfach: Hier reichte das Westfernsehen nicht hin, das damals noch vorwiegend aus dem Ersten und Zweiten Programm, also aus ARD und ZDF, und den Regionalsendungen der Landesanstalten bestand. Hier lebten die Menschen, also die Dresdner, die Bautzener, die Görlitzer, Meißner, die keinen TV-Zugang zur westlichen Welt hatten. Sie konnten weder *Tatort* noch Gottschalks *Wetten, dass..?* sehen, sie hatten keinen Köpcke und keine Dagmar Berghoff, die sie über die Welt informierten. Sie hatten natürlich auch kein *Literarisches Quartett*. Wie gut sie ohne mich, ohne Reich-Ranicki, ohne Sigrid Löffler auskamen, wenn wir uns über Peter Handke, Elfriede Jelinek, Martin Walser, Günter Grass oder John Updike und Philip Roth stritten, sei dahingestellt. Es gilt auch hier der Grundsatz »Was ich nicht weiß, macht mich nicht heiß« und das Sprichwort »Was der Bauer nicht kennt, frisst er nicht«.

Wenn ich den Bogen für einen Augenblick etwas weiter spanne, so kann ich sagen, dass die Wiedervereinigung auch ein Resultat der Fernsehreichweite war. Je weiter das westdeutsche Fernsehen in die DDR eindrang, dort empfangen werden konnte, umso größer wurde die Sehnsucht der durch die Mauer und den Grenzdraht Eingesperrten nach Freiheit und Konsum. Man tut der glücklicherweise friedlich verlaufenen Revolution, die in Leipzig und Berlin ihren Anfang nahm, keinen Abbruch, wenn man sie (auch) als Folge der Fernseh-Penetration des Westens in den Osten sieht. Bis zu jenem missverständlichen Fernsehauftritt des Politbüro-Sprechers Schabowski, der die Einreisebeschränkungen zwischen West und Ost ab sofort aufhob und damit in der gleichen Nacht noch die Mauer niederriss: Wenige Stunden später wälzte sich – was wir alle in Ost und West im Fernsehen verfolgten – ein schier unendlicher Verkehr von Ost- nach Westberlin, der, wie sich nachweislich zeigte, die über vierzigjährige Teilung Deutschlands in Ost und West beenden sollte. Und ebenso die Teilung Europas durch einen »Eisernen Vorhang«. Schon vorher hatten Fernsehberichte gezeigt, dass die DDR am Ende war. Als man die Flüchtlingszüge, die durch Genschers Intervention aus Prag durch die DDR in den Westen fuhren, in der Deutschen Botschaft im Fernsehen begleiten konnte, wusste man, die DDR ist am Ende. Die Revolution von 1989 war wohl die erste, die allein oder zumindest vorwiegend durch die Wucht des Faktischen, durch die Bilder im Fernsehen ausgelöst und vollendet worden war. Die Menschen duldeten keine Grenzen mehr.

Medien und Medienveränderungen schreiben Geschichte. So wie die Arabellion, die Umwälzungen in Libyen, Ägypten, Tunis, durch das Internet, durch die Bilder und Texte der

Handys und Smartphones über die Welt getragen und verwirklicht wurden, so war es vorher mit dem Ende des Kalten Krieges und der Nachhutgefechte der Koexistenz durch das Fernsehen gewesen.

Hatte der Medien-Guru seine Botschaft »The medium is the message« so gemeint? Egal! Die Ursachen und Folgen aller neuen Umwälzungen lassen sich jedenfalls als Fernseh- oder Internet-Ereignisse verstehen.

Hier möchte ich den großen Bogen von der Weltgeschichte wieder auf die kleine Welt der Literaturkritik reduzieren. Da sich die große Welt in der kleinen spiegelt, wie das »Vorspiel auf dem Theater« im *Faust* weiß und kündet, kehre ich zurück zu den Fakten, dass Dresden und weite Teile Sachsens im »Tal der Ahnungslosen« lagen, eine, was westliche Werbung und Wirklichkeit anbelangte, unbeleckte Zone, die von der Kultur- und Konsumwelt des Westens abgeschottet war. Dresdner wie Meißener waren auf Hörensagen angewiesen.

Ob sich das besonders nachteilig auf die Bewohner dieser Insel der TV-Unschuld mitten im roten Meer der DDR-Propaganda auswirkte, ist schwer auszumachen. Die wenigen Male, die ich vor dem Mauerfall im Osten Sachsens verbrachte, lassen mich daran zweifeln. Dresden hatte, wenn ich die Stadt zu DDR-Zeiten besuchen durfte – die Besuche fielen in die sechziger Jahre, kurz nach dem Mauerbau –, kein Defizit im bürgerlichen Widerstand gegen das als »Arbeiter- und Bauernstaat« ausgerufene Land, sondern strahlte ganz im Gegenteil eine starke innere Widerstandskraft und selbstgewisse Abschottung gegen den neuen Staat und seine Parolen aus. Uwe Tellkamps Roman *Der Turm* sollte mich später in dieser Annahme bestätigen. Dresden war ein Hort, in dem das alte bürgerliche Leben wie eingekapselt mit nach außen gerichteten Stacheln weiterzuleben schien.

Ich war 1962 als Dramaturg des Württembergischen Staatstheaters nach Dresden gereist und hatte ein Dresdner Gastspiel nach Stuttgart ausgehandelt, das auch stattfand – das Gegengastspiel, das Stuttgarter Schauspiel in Dresden, nicht mehr. Ich erinnere mich an die Empfänge bei meinem Dresden-Besuch. Vor dem Theaterbesuch wurden Reden gehalten, die von Phrasen von Frieden, Arbeitermacht, Sozialismus und Optimismus durchtränkt waren. Vorgetragen von Gesprächspartnern, die den bürgerlichen Habitus des Vorkriegsdeutschlands ausstrahlten. Nach der Vorstellung, als der Alkohol die offizielle Feierlichkeit aufzuweichen begann, wurde hinter kaum vorgehaltener Hand gegen die herrschenden Verhältnisse, gegen die SED wie gegen die russischen Besatzer gelästert und gemurrt. Ich war erstaunt, wie offen das damals in Dresden im Unterschied etwa zu Leipzig, Weimar und Erfurt geschah.

Die Dresdner wussten damals zwar nicht, wie Werner Höfers Journalistenclub *Der internationale Frühschoppen* aussah und sich anhörte, dafür bewahrten sie in der tödlich verwundeten Stadt die kulturelle Erinnerung an das Dresden, das den Namen »Elb-Florenz« getragen hatte. Ich habe dafür später, bei den Besuchen nach der Wiedervereinigung, das eindringliche Bild der Steine und Trümmer der Frauenkirche vor Augen. Bei jedem Besuch ging ich zu der von Trümmern umlagerten Ruine, wo geduldiger und fleißiger Bürgersinn die Trümmer so nummeriert und geordnet hatte, dass der Wiederaufbau gelingen konnte. Gibt es denn ein stärkeres Zeichen für den Sinn und die historische Richtigkeit der Wiedervereinigung als den Aufbau dieser wunderbaren protestantischen Kuppelkirche und dessen Vollendung? Für mich nicht.

Schlagartig mit dem Fall der Mauer verschwand auch das »Tal der Ahnungslosen«, füllte sich mit all den TV-Segnungen des Westens. *Wetten, dass ..?* verdrängte Sendungen wie *Ein*

Kessel Buntes, Jan Hofer machte in Dresden den Talk im *Riverboat*, und lesehungrige Leute sahen auf einmal das *Literarische Quartett*.

Ein Nebenergebnis für mich (für die Menschheit ein kleiner Schritt, für mich ein spektakuläres Ereignis): Ich hatte auf einmal einen neuen Vorfahren, einen Ahnherren. Wenn ich zu Lesungen nach Dresden, Görlitz oder Torgau kam – in Torgau waren amerikanische Truppen und die Rote Armee einander erstmals an der Elbe begegnet – oder wenn ich zu Lesungen nach Zittau oder Zwickau komme, werde ich nicht mit Karadžić oder Kasarek angesprochen, sondern korrekt als Karasek benannt und anerkannt. Mich erreichten auf einmal Postkarten und Briefe mit Bildern, die mich auf ein Lokal in Bautzen aufmerksam machten: auf das »Restaurant mit Bar, Räuberkeller und Biergarten«, das »Zum Karasek« heißt.

Der edle Räuber gilt seitdem, seit 1989, als mein Ahne.

Am 15. 6. 2012 war ich dann zu einer Lesung in Bautzen, auf Einladung der *Sächsischen Zeitung*. Bautzen in der Oberlausitz hat eine wunderschön restaurierte Altstadt, die sich bucklig und hügelig über Gassen, alte Schenken, Kirchen und kleine Plätze erstreckt, beherbergt rund 40000 Einwohner und ist das Zentrum der sorbischen Minderheit, der einzigen Volksgruppe, der neben den Friesen in unserer Verfassung eine eigene Sprache zugebilligt wird: das Sorbische, das dem Tschechischen und dem Polnischen verwandt ist. Sachsens Ministerpräsident Stanislaw Tillich ist Sorbe, mit einer Tschechin verheiratet, und hat mir bei einem Empfang im gläsernen Phaetonwerk erklärt, dass er sich mit seiner Frau ohne weiteres unterhalten kann, wenn er seine zweite Muttersprache, nämlich Sorbisch, spricht und sie

Tschechisch. Ich habe es bei dem kurzen Gespräch auf dem Empfang mit einem meiner tschechischen Begrüßungssätze versucht, beide haben verständnisvoll, wenn auch gequält gelächelt.

In Bautzen gibt es wegen der Pflege der sorbischen Sprache (die Ortsschilder in der Lausitz sind zweisprachig) ein Theater, dessen Existenz in einer Landschaft der reduzierten Kultursubventionen unbedroht ist. Als ich aus meinem Buch vorlas, waren stolze 390 Zuhörer da. Es war fast ausverkauft. Da meine Lesung ein Ein-Mann-Unternehmen war, wirkte der Rest des Hauses mit den geräumigen, modernen Betonfluren und den weiten Garderoben irgendwie verlassen. So wie ich mir in Theatern oft verlassen vorkomme, auch wenn in den schönen, gammeligen Garderoben vieler Kleinbühnen die Einzelgarderoben mit Kleidern, Schminke, Kostümen und Pappkartons vollgestopft wirken, sodass man sich wie ein fremder Eindringling vorkommt, wenn man zur Tonprobe zwei Stunden vor Beginn der Vorstellung über rumpelige Hinterbühnen zur Bühne stolpert und froh ist, im Halbdunkel nicht zu fallen.

Nach der Vorstellung, als ich viel Herzlichkeit beim Signieren empfangen hatte und sich die Zuhörer, aber vor allem die Zuhörerinnen bedankten, weil ich sie zum Lachen gebracht hätte, wurde mir warm ums Herz.

Dann ging ich allein zu einem kleinen, kuscheligen Hotel, das höchstens ein Dutzend Zimmer hatte. Der Wirt saß vorne und sah Fußball, es war irgendein wichtiges Spiel. Er war nach Bautzen aus Südamerika gekommen, weil seine Frau Sächsin war, und lebte offenbar ganz zufrieden vom Touristenboom der kleinen Stadt. Ich brachte meinen Koffer steil treppauf in ein Zimmer, das schon allein durch die Bücher, die in den Regalen standen und wie Teile einer zerfledderten Privatbibliothek wirkten, den Eindruck machte, als wäre man Besucher einer gastfreundlichen Familie. Als das Fußballspiel zu Ende war, zu dem der Wirt mich auf ein Glas Wein eingeladen hatte, sagte er mir, er würde mich jetzt gerne zum Gasthof »Zum Karasek« begleiten.

Wir gingen durch die verwinkelte, spätabendlich leere Stadt, die am Tag turmbewehrt war und jetzt ihre restaurierten Mauern stolz beleuchtet zeigte – nur aus ein paar Kneipen hörte man noch Stimmen, Geräusche, Gelächter –, und er machte mich inmitten barocker Gebäude auf den Dom aufmerksam: Der St.-Petri-Dom ist, seit 1548 durch ein Gitter im Mittelschiff geteilt, für beide großen christlichen Konfessionen zugänglich. Ein einmaliges Denkmal früher Ökumene, die sich hier noch vor den Verwüstungen durch die Religionsschlachten des Dreißigjährigen Krieges als christliche Koexistenz durchgesetzt hat, das wohl dem Nebeneinander von Sorben und Sachsen zu verdanken ist, die in einem Dom und unter einem Kruzifix, wenn auch durch Gitterstäbe getrennt, beteten.

Dann war ich endlich bei meinem Namensvorfahren, der Hotelier stellte mich den Wirtsleuten in der schon leeren Gaststätte vor (es war ja inzwischen 23 Uhr), die mich fast wie einen verlorenen Sohn begrüßten. Da stand ich nun, Aug in Auge mit der Räuberhauptmannspuppe: Johannes Karasek war nicht größer als ich, stand im Eingang, trug einen schwarzen, rotgeränderten Dreispitz auf dem Kopf, mit der weißen Puderperücke, hatte einen grünen Militärrock mit weiten Schwänzen an, eine rote Weste, eine blütenweiße Hose, die in hohen Stulpenstiefeln steckte, war unrasiert (wie es sich für einen Räuber gehört) und lächelte einigermaßen überflüssig in den leeren Gastraum.

Eigentlich hatte er zu Lebzeiten, sieht man auf sein Ende, keinen Grund zum Lachen. Ich las die Speisekarte und sah, dass ein Lammbraten im Kräutermantel mit Zwiebelgemüse und Knödel im Angebot stand, »nach einem mittelalterlichen Originalrezept von Katharina Melanchton« (Melanchton war der Kampfgefährte Luthers, »Praeceptor Germaniae« genannt, der Lehrer der Deutschen). Glücklicherweise rückte die Mitternacht schon näher, sodass ich nicht in Versuchung kam, mich von der mittelalterlichen Schwere des Gerichts um den Schlaf bringen zu lassen. Stattdessen wurde mir eine Flasche Weißwein geschenkt. »Zum Karasek« stand darauf. Und sie steht jetzt noch in Ehren bei mir zu Hause. Trinken werde ich sie wohl nicht, dazu ist sie mir zu lieb und teuer. Außerdem stammt der Wein, der den Namen »Karasek-Schoppen« führt, von der Nahe. Auf dem Etikett des »2010er Obermoscheler Geißenkopf« trägt Karasek wieder einen wenn auch verschwommenen Dreispitz, diesmal aber mit hellgrüner Jacke, die Flinte lugt über seine Schulter, und er hat zum dunklen Hemd eine weiße Krawatte. Das Gesicht ist rot verschwommen, ob vom Wein oder von späterer Unbill, ist nicht auszumachen.

Es ist ihm nicht gutgegangen in Bautzen, zum Ende seiner Lebzeiten und Beginn seiner Schande. Dabei war er vorher eine Art Robin Hood, er gab den Armen, was er den Reichen nahm. Wie der Chef des Karasek-Museums im nahen Seifhennersdorf berichtet, »wünschten ihn die Wohlhabenden zum Teufel, weil er sie beraubte und in Angst und Schrecken versetzte. Die einfachen Leute vergötterten und feierten ihn als Volkshelden, weil er ihnen von seiner Beute abgab.«

»Die Wahrheit«, vermerkt Haschke mit sächsischer Verschmitztheit, »liegt wohl irgendwo in der Mitte. Denn es ging ihm in seinem Räuberleben« – er wurde 1764 in Prag als Sohn eines Tischlers geboren, wie ich in Brünn, 1934, auch als Sohn eines Tischlers – »ganz gut, er hat sicher darauf geachtet, nicht zu kurz zu kommen.« Und wie heißt es bei Wilhelm Busch so trefflich über die Laufbahn der Bösewichter:»Aber wehe, wehe, wehe! Wenn ich auf das Ende sehe.«

Ein Überfall und ein Einbruch beim Gutsbesitzer Glathe im Oberleutersdorfer Rittergut im Mai 1800 wurde ihm zum Verhängnis. Als die Bande mit reicher Beute einen überstürzten Rückzug antrat, pflasterten Münzen ihre Spur (wie bei Hänsel und Gretel Kieselsteine), die Bande wurde aufgespürt. Karasek konnte sich zunächst retten. Mit seiner Frau Magdalene gelang ihm die Flucht in das Haus eines befreundeten Schneiders namens Lehnert. Doch leider wurde er hier in den frühen Morgenstunden des 2. September gefangen genommen, als er durch ein Dachfenster zu fliehen versuchte.

Er wurde nach Bautzen verbracht, dort in schweres Eisen gelegt, zum Tode verurteilt und dann, auf das Bitten und Flehen seiner Frau hin, zu Zuchthaus begnadigt. Am 24. Februar 1803 wurden die Häftlinge in Bautzen tagelang an den Pranger gestellt, im kalten Winter bestimmt kein Vergnügen, da das Prangerstehen von 8 bis 16 Uhr dauerte. Tagelang.

Das heutige Prangerstehen heißt »Shitstorm« und spielt sich mit gnadenloser Härte im Internet ab. Vorläufer des »Shitstorm« war zum Beispiel ein Grünen-Parteitag von 1999, als die Grünen mit der SPD in den Kosovo-Krieg der Nato zogen. Hier wurde Joschka Fischer so heftig mit Farbbeuteln beworfen, dass ihm nicht nur ein Anzug auf ewig verdorben wurde, sondern ein Wurfgeschoss auch eines seiner Trommelfelle zerstörte.

Als Karasek am 3. September 1803, er war damals achtunddreißig Jahre alt, wieder an den Pranger kam, waren die Sympathien für den Räuber auch bereits verflogen: Statt mit ermunternden Zurufen bewarf ihn der Bautzener Straßenpöbel jetzt fleißig mit Kot, verfaultem Obst und verdorbenen Eiern. Später verlor er auch die Gunst der Damen, die seine Taten lange bewundert hatten. In der Dresdner Haft bekam sein Gesicht durch einen struppigen, ungepflegten langen Bart »ein höchst verwildertes Aussehen«, wie ein Chronist schreibt. Eines Tages also wurde vom Wärter eine Dame in sein Dresdner Verlies geführt, »die ihn zwar still, aber mit allen Zeichen des Abscheus« betrachtete. »Karasek, welchem die stille Beobachtung unangenehm wurde, wandte sein bärtiges Gesicht der Dame zu und spuckte, ohne ein Wort zu sprechen, derselben ins Gesicht.« Ähnlich erging es einem Maler, der den berühmt-berüchtigten Gefangenen zeichnen wollte. Der Wärter hatte seinen Kopf gewaltsam dem Maler zugedreht. Karasek schnitt Grimassen. »Dann bog er mit einem Ruck seinen Kopf dem Maler zu und spuckte diesem eine so volle Ladung widrigen Auswurfs ins Gesicht, dass derselbe entsetzt zurücksprang.« Hier ist vom edlen Räuber aus den böhmischen Wäldern, wie ihn nur Jahrzehnte zuvor Schiller in seinen *Räubern* und seinem *Verbrecher aus verlorener Ehre* beschrieben und veredelt hatte, kaum noch eine Spur.

Zu DDR-Zeiten war Bautzen das wohl schrecklichste Zuchthaus für politische Gefangene. Wolfgang Harich war hier gefangen. Und Walter Kempowski jahrelang als blutjunger Mann. Er wurde zwar nicht an den Pranger gestellt, aber buchstäblich in Scheiße getaucht, bis er alles gestand, was man von dem 17-Jährigen hören wollte. Von 1948 bis 1956 war er in Bautzener Haft, acht qualvolle Jahre. 1956 wurde Kempowski entlassen. Zusammen mit seinem Bruder Robert war er wegen angeblicher Nachrichtentätigkeit für die Amerikaner 1948 verhaftet worden. Beide wurden von einem sowjetischen Militärgericht zu fünfundzwanzig Jahren Zwangsarbeit verurteilt, die im Zuchthaus Bautzen verbüßt werden musste. Die Mutter wurde mit ihnen verhaftet und zu zehn Jahren verurteilt. Abgesessen hat sie davon sechs.

Kempowski hat seine Jugend in mehreren Büchern, teils Romanen, teils Tagebüchern, teils protokollartigen Erinnerungen und Berichten aus der Haft beschrieben. Das Kernwerk wurde *Im Block* 1969 nach zahlreichen stilistischen und erzählerischen Anläufen als Protokoll veröffentlicht. Kempowskis Bücher gelten für mich als das wichtigste erzählerische Werk, das über das gespaltene Deutschland im Kalten Krieg, also in der Zeit von 1945 bis weit in die siebziger Jahre, geschrieben worden ist. Als Nachzügler kam 1988 der großartige, in weiten Teilen auch satirische Roman *Hundstage* dazu. Die Schriften dieser Kalten-Kriegs-Zeit, in deren Schreckensmühlen Kempowski, ein Reederssohn aus Rostock, geriet, der sich später eine Existenz als Dorfschullehrer in Kreienhoop in der Heide aufbaute, wo er sich einer grandiosen Archivierung seiner durchlebten Zeit widmete, können als kollektive Chronik der Deutschen gesehen werden. Unter anderem und als einmaliges, gelungenes Experiment das *Echolot*, das in vier Bänden vier einschneidende Zeitabschnitte deutscher Geschichte kollektiv festhält. *Das Echolot. Ein kollektives Tagebuch*. Vier Bände: *1. 1. bis 28. 2. 1943* (1997), *Barbarossa '41* (2002), *Fugia Furiosa. Winter 1945* (2004), *Abgesang '45* (2005).

Ich hatte das Glück, von 2005 an mit Kempowski im Bertelsmann-Autorenbeirat zu sitzen, der jährlich einen Preis verlieh, und dabei zwangsläufig lange Diskussionen über Romane, Erzählungen, Erinnerungen aus der Zeit mit ihm zu führen. Er war ein kauziger, hochgebildeter, gleichzeitig distanzierter und herzlicher Mitstreiter, von großer Pedanterie und schalkhaftem Witz, und ich möchte keine Stunde mit ihm missen, auch nicht ein gemeinsames Sylvester in Kreienhoop.

Wir sind uns gelegentlich auch auf Lesereisen begegnet – oder fast begegnet, weil er entweder vor mir in der Stadt, in der ich las, gelesen hatte oder ich ihm vorauseilte. Diese gemeinsamen, auch getrennt gemeinsamen Leseerlebnisse hat er in einem Tagebucheintrag festgehalten, in dem er berichtet, er würde in den feinen Hotels, in denen er während der Lesereisen logierte, immer das feine Duschgel, die abgepackten Seifen und das Haarshampoo stibitzen. Um mich dann zu denunzieren: »Karasek macht es genauso.« So verriet sich der enorm zurückhaltende und diskrete Kempowski in einer kleinen lässlichen Sünde. Aber auch bei der wollte er nicht allein sein. Also machte er mich zu seinem Kumpan. Natürlich hatten wir uns bei irgendeinem Abendessen im Hotel diese Seifenkleptomanie gestanden. Gleichzeitig, dass sie sich nur auf Edelprodukte bezog, also auf »Bulgari«-Gels und -Cremes etwa oder auf die französische Kosmetikserie der Marke »L'Occitane«.

Hätten Kempowski und ich über unsere vom Wagen der Stubenmädchen gemopsten kleinen Tuben und Fläschchen Buch geführt, so hätten wir damit auch den Wechsel der Gerüche und Moden festgehalten. Oder den Zeitpunkt fixiert, zu dem in den besten Häusern zum Duschgel, Shampoo und der Bodylotion noch der Haar-Conditioner als neueste Errungenschaft in dem aufsteigenden Raffinement der Kosmetikindustrie dazukam. Wir hätten auch festhalten können, wann die kleinen »Bulgari«-Fläschchen den Hotels offensichtlich zu kostspielig wurden (wohl nicht Kempowskis und meiner Einzelbeutezüge wegen), als die Schaumkrone des Luxus erreicht war. So bleibt dieses Kapitel der vagabundierenden Lesereisen ungeschrieben.

Bei beidem würde ich neben dem Gedanken, dass in jedem Kunden ein Schnäppchenjäger schlummert, der sich buchstäblich diebisch freut, wenn er etwas nur leicht außerhalb der Legalität erwirbt, einen weiteren Grund für die Seifensucht anführen. Nämlich den, dass sowohl Kempowski wie ich in der Kriegs- und Nachkriegswelt mit ihrem Warenmangel aufgewachsen sind – wo man, wenn es auf einmal Rasierklingen oder Zahnbürsten gab, rasch zuschlagen musste, mit sogenannten Hamsterkäufen. Oder auch in kleinen Plündereien.

Billy Wilder hat sich über den Trieb, in Hotels etwas als »Souvenir« mitzunehmen, lustig gemacht, als er nach Jahrzehnten zu einer Feier in das Coronado-Hotel nahe der mexikanischen Grenze zurückkehrte, wo er einst den längst legendären Film *Some Like It Hot* gedreht hatte. Das Hotel stand längst unter Denkmalschutz. Als Tourist konnte man (konnte ich) den Baum betrachten, an dem ein Schild darauf hinwies, dass hier der Ast abgesägt werden musste, damit die Kamera den an der Hotelfassade hochkletternden vom Yacht-Date mit der Monroe zurückkehrenden Tony Curtis ungestört filmen und beobachten konnte. Also hielt Billy Wilder, als er zum Jubiläumsfest der Dreharbeiten von 1959 nach Coronado zurückkehrte, auf dem Podium zu Beginn seiner Ansprache ein verschlissenes Handtuch hoch und sagte, es tue ihm leid, er müsse sehr spät gestehen, dass er es einst beim Auschecken habe mitgehen lassen. Nun wolle er es zurückbringen.

Doch zurück nach Bautzen, wo Kempowski acht Jahre in einer Art kleinem Archipel Gulag verbracht hat, mit allen Schrecknissen und Verrücktheiten, mit allen himmelschreienden Absurditäten und bestialischen Misshandlungen. Zuerst unter russischer Bewachung, dann in Zeiten der DDR seit 1949, wo die Zumutungen der Haft wieder furchtbar wie in den Anfangsjahren wurden. Jedenfalls hat er es so in dem zwölf Jahre später veröffentlichten Werk *Im Block* beschrieben.

Kempowski wurde 1956 entlassen. Wurde er freigekauft? Ein im November 2012 erschienenes Buch mit dem Titel *Freigekauft* schildert, wie im Laufe der Jahre, allerdings erst ab 1961, nach und nach 33 000 Strafgefangene aus dem Osten über Wege, die an den Austausch von Spionen über die Glienicker Brücke erinnern, gegen D-Mark freigelassen wurden. Es herrschte zwischen beiden deutschen Staaten, die sich spinnefeind und in gegeneinander aufgestellten Militärbündnissen eingebunden waren (der Nato auf der einen, dem Warschauer Pakt auf der anderen Seite), die sich nicht anerkannt hatten, damals eine Situation wie heute zwischen Israel und den Vertretern der Palästinenser. So trafen sich Unterhändler, beispielsweise der westdeutsche Rechtsanwalt Stange und der später so namhafte Ostberliner Rechtsanwalt Vogel im Oktober 1963 auf dem Bahnhof Friedrichstraße. Der Westdeutsche übergab dem Ostunterhändler Vogel einen Umschlag mit 135 000 DM. Im Gegenzug wurden die ersten vier von acht politischen Häftlingen entlassen. Im Laufe der Jahre kamen 33 000 Strafentlassene gegen Geld in die Freiheit im Westen. Insgesamt soll Bonn (das gesamtdeutsche Ministerium unter Rainer Barzel und später unter Herbert Wehner) 3,5 Milliarden für den Freikauf aufgebracht haben. Es war ein typisches Undercover-Geschäft des Kalten Krieges, das wahrscheinlich auch schon 1956 im Falle von Kempowski funktioniert hatte.

1958 lernte ich in Tübingen zufällig den Zahnmedizinstudenten Rolf kennen. Da er wie ich aus der DDR stammte – er hatte allerdings bis 1956 in Bautzen eingesessen –, kamen wir in Kontakt. Später, in den sechziger Jahren, rief mich Rolf an. Er hatte inzwischen eine Zahnarztpraxis in Stuttgart, ich war Redakteur bei der *Stuttgarter Zeitung*. Ich wurde sein Patient, und ab und zu trafen wir uns auf ein Bier. Ich wusste, dass er nach dem Krieg in Leipzig gegen die Rote Armee demonstriert hatte, danach verhaftet und zum Tode verurteilt worden war, wegen »Kriegshetze«. Das Todesurteil wurde in eine langjährige Haftstrafe verwandelt, aber ähnlich wie Kempowski kam auch Rolf frei. Und durfte nach Westdeutschland ausreisen.

Die stärkste gemeinsame Erinnerung war der Druck der Stalinzeit, die ich bis zu meiner Flucht 1952 erlebt hatte. Es war in der Tat so, dass wir, meine Mitschüler und ich, in den letzten Schuljahren Angst hatten, uns am Abend in Kneipen zu treffen, weil wir fürchteten, dass uns der Alkohol die Zunge lösen würde – mit unvorhersehbaren Folgen, wenn wir uns, enthemmt vom Alkohol, politisch äußern und etwa zu Bemerkungen gegen Stalin oder zu Witzen gegen die Sowjetunion hinreißen lassen würden. Einmal hatte ein Schüler im Schulamt einem Plakat von Stalin die Augen ausgekratzt. Ausgerechnet dort, wo wir die Segnungen der Stipendien des Arbeiter- und Bauernstaats DDR erfahren sollten: Der Fall wurde glücklicherweise nie aufgeklärt.

Als ich 1967 nach Hamburg zog, kam Rolf für einen Abschiedsbesuch zu mir nach Stuttgart-Sonnenberg. Wir unterhielten uns, tranken auf den Abschied, ich würde mir in Hamburg einen neuen Zahnarzt suchen müssen.

Rolf ging zu seinem Auto, fuhr los, ich räumte die Aschenbecher und Gläser weg und ging zu Bett. Am nächsten Tag rief mich ein Rechtsanwalt an. Ebenfalls ein Studienfreund aus Tübingen. Es gebe da ein Problem. Rolf habe auf der Heimreise, noch in meiner Straße, einen Wagen gerammt, sei weitergefahren, habe also Fahrerflucht begangen. Jemand habe ihn beobachtet, sich die Nummer notiert und die Polizei verständigt. Die sei Rolf nach Hause gefolgt. Als er den Polizisten die Türe geöffnet habe, weil die ihn zur Blutprobe abholen wollten, habe er schnell zu einer Schnapsflasche gegriffen, um das zu machen, was man damals »Sturztrunk« nannte. Um die Promillespur durch Aufstockung zu verwischen.

Später bat mich der Anwalt, ihn zu besuchen. Ich erinnere mich, dass er Schmisse im Gesicht hatte, also ein Verbindungsstudent gewesen war, was mir nicht sehr sympathisch war.

Damals tobte an der Uni der Streit, ob man im Universitäts-
bereich in Couleur, also »farbentragend«, auftreten durfte. Und
»schlagende Verbindungen« galten als besonders konservativ-
rückschrittlich.

Er sagte, wir müssten für Rolf eine Taktik entwerfen. Es sei
doch sicher, dass wir bei unserem Abschied über Rolfs Bautzener Zeit gesprochen hätten. Ich zögerte, weil ich mich Wochen
später nicht so genau erinnerte. »So muss es gewesen sein!«,
sagte der Anwalt. Und ich willigte ein, diesen Wesenszug unserer Unterhaltung besonders zu unterstreichen.

Dann, wieder waren einige Wochen vergangen, trat ich als
Zeuge vor Gericht auf. Der Anwalt veranstaltete ein Verhör mit
mir, in dem er immer wieder auf die Bautzener Jahre seines
Mandanten Rolf zu sprechen kam.

Schließlich hielt er das Plädoyer. Er schilderte bewegt, wie
die Erinnerung an Bautzen auf der Heimfahrt in Rolfs Kopf
nachhallte. »Da, ein Knall, ein Stoß.« Rolf habe nicht wahrge-
nommen, dass er ein anderes Auto angefahren habe. In seinem
Kopf habe er nur das Zuknallen einer Stahltür in Bautzen gehört …

Rolf wurde von der Fahrerflucht freigesprochen. Ich habe
mich damals im Geheimen darüber ein wenig zynisch amüsiert.
Ein geschicktes Theater!, dachte ich. Gut inszeniert von dem
theatralisch die Szene nachspielenden Verteidiger.

Später habe ich gedacht, dass dies eine typische Szene des
Kalten Krieges gewesen wäre, wo man Mitte der sechziger Jahre
vor einem deutschen Gericht sozusagen einen Bautzen-Bonus
zugebilligt bekommen hätte.

In Bautzen, viele Jahre älter geworden, als ich im Hotelbett,
vom Räuberhauptmann Karasek heimgekehrt, zwischen fremden Büchern einzuschlafen versuchte, war ich mir nicht mehr
so sicher, ob der dramatisierende Rechtsanwalt von Rolf nicht

doch näher an der Wahrheit gewesen war, als ich es in meinem jugendlichen Zynismus gedacht hatte. Und dann dachte ich, kurz vor dem Einschlafen: Hat der Räuberhauptmann Karasek nun Tschechisch gesprochen oder Deutsch?

Eisenbahnfahren in den Sechzigern

Ich erinnere mich manchmal an ein Bild. Irgendwann im heißen Sommer in den sechziger Jahren saß ich in einem Personenzug, der in zehn Minuten abfahren sollte und mit dem ich zu einem Eilzug nach Ulm fahren würde, um dort einen D-Zug nach Stuttgart zu erreichen.

Es war heiß, die Luft stand still, ich hatte in dem Coupé-Abteil das Schiebefenster heruntergedrückt und sah ein Bahnhofsdepot, umgeben von verstepptem Gras und abgelegten Bahnschwellen und Bahnteilen. Auf einer Drehscheibe stand eine Lok, ihre Umrisse flimmerten in der heißen Luft. Über ihrem Kesselbauch hing ein riesiger Metalltrichter, aus dem ein Schlauch aus Blechkannengliedern in den durstigen runden schwarzglänzenden Kessel der Lokomotive führte. Die Lok war sehr durstig, und aus dem Trichter, der an einem Schwenkarm von dicken Seilen und Ketten gezogen wurde, stürzte Wasser in ihren Schlund, das oben von einer riesigen Wasserleitung in den Trichter floss. Alles war grob, mechanisch, zerbeult. Es wirkte wie eine Szene an einer riesigen Tränke, wo ein großes träges, schwarzes Metalltier aus einem gewaltigen Rüssel gestillt wurde. Wenn ich nicht irre, schnaufte die Lok dabei und stieß ab und zu schnaubend Dampf aus. Es war ein Bild wie aus einer Urwelt der Eisenbahn: eine Lok, die in einer rostigen Savanne stand und sich mit Wasser für eine lange, schwere Fahrt vollsoff. Bahnarbeiter lenkten die Stillung, indem sie an dem groben Seil zogen. Ab und zu schwappte Wasser über und benetzte dabei das vertrocknete Gras neben dem Schienenkreuz.

Heute weiß ich, wie grobmechanisch die Welt der Schienen und Lokomotiven noch war vor rund fünfzig Jahren. Wollte und sollte der Lokomotivführer, der sich aus seinem fensterlosen Führerstand über den Kessel lehnte, ein Signal geben, dann zog auch er an einem Seil. Dann pfiff die Lok schrill auf, und eine schnelle Wolke Dampf stieg aus ihrer Pfeife.

Man war auch nicht verwundert, wenn man später mit dem Personenzug durch Wiesen und Felder fuhr und vor unbeschrankten Bahnübergängen drei, vier Autos – Käfer, Mercedesse, BMWs – stehen sah, manche mit Viehanhängern. Und einen Mann neben einem Bahnwärterhäuschen, der beobachtend neben seinem Häuschen stand, das mit einem Blumenkasten geschmückt war.

Saß man selbst im Auto, konnte man noch Bahnwärter erleben, die eine Schranke hoch- und runterkurbelten. Signaldrähte spannten sich neben den Schienen. Sie schienen zu zittern, wenn sie ihre Botschaften und Verkehrsbefehle weiterleiteten.

Die Streckenwärter drehten an seltsamen Telefonen, die Buschtrommeln ähnlicher waren als heutigen Smartphones.

Es war eine seltsam mechanische Welt, die den Gesetzen von Vorschlaghämmern, Seilzügen, handbetriebenen Kurbeln gehorchte. Glockenwerke am Rande der Strecke schlugen an, Lokomotivführer verschafften sich mit Pfeifen Gehör, rote und grüne Signale wechselten, indem Klappen wie bei Theater-Sofitten fielen.

Ich lese in einem alten Lexikon, dass Lokführer mehrere Jahre als Bahnarbeiter in Bahnschlossereien und Schweißereien ausgebildet wurden. Sie löteten und schweißten in Werkstätten, in denen die Funken um sie sprühten. Neben ihnen in den Loks standen Heizer mit schwarzglänzendem Gesicht. Und wenn man während der Fahrt durch den heißen Sommer den Kopf zur Kühlung aus dem Fenster streckte, war es nicht ratsam, in Fahrtrichtung zu blicken. Ruß von der Lok konnte einem ins Auge fliegen. Abends sah man auch glühende Funken am Fenster vorbeitanzen. Es roch nach Rauch, Schweiß und Hitze. Die Holzbänke waren aus Rippen zusammengesetzt – wie Möbel in einem Biergarten.

Nicht zufällig sprechen Vielflieger von der »Holzklasse« im »Flieger«, es ist eine ironisch-überhebliche Reminiszenz an mechanische Zeiten. Wie das »Dampf«-Radio, das man hörte, wenn man im Auto saß und die Regionalsender noch kamen, wie sie wollten. Heute werde ich noch daran erinnert, wenn ich im Cockpit des ICEs sitze und sehe, wie der Lokführer einem entgegenkommenden Lokführer einen langsam geschwenkten Gruß schickt. Er hat keinen Heizer, keine Copiloten mehr neben sich. Er muss in kürzesten Zeitabständen eine Kontrolltaste mit dem Fuß bedienen, damit wir nicht ineinanderrasen, Signale außer Acht lassen. Bahnschranken gibt es nicht mehr auf ICE-Strecken, dafür tauchen die Züge immer öfter in die Dunkelheit von Tunnels, deren Wände als Lichtflecken an uns vorüberfliehen. Längst haben Ingenieure den Druckausgleich geschafft, sodass unsere Ohren nicht mehr taub werden wie beim Starten und Landen von Flugzeugen.

1966 brachte die Deutsche Bundesbahn ein epochemachendes Werbeplakat heraus. Es zeigte eine bullige und doch elegante Diesellok, die im hellen Rahmen diagonal in ein schwarzes Bild fuhr. Sie fuhr von links hinten rechts vorne haarscharf auf den Betrachter zu, gerade noch an ihm vorbei. Durch ihre rasante Fahrt wirkte die Lok – es war die E10, eine batteriegetriebene Elektrizitätslok – schnell nach hinten perspektivisch verjüngt, wie Schienen, wenn man das Glück hat, sie durch das

Hinterfenster eines Zuges zu betrachten: wie sie sich mit geometrischer Schönheit auf den Fluchtpunkt hin verschmälern – bildgefrorene Geschwindigkeit, pure Geometrie.

Der Zug auf dem Bild schien unbeirrt durch Schnee und Eis zu fahren. Unaufhaltsam. Durch Witterung nicht zu bremsen. Links im Vordergrund wirbelte er Schnee zur Seite. Seine Scheibenwischer hatten auf den zwei Frontscheiben zwei Sichtsegmente freigefegt, die dem Schneefall unbeeindruckt trotzten. Wie zwei überwachsene Augen sahen sie nach vorne. Ein Puffer, rechts im Bild, wirkte wie eine Waffe gegen die Witterung. Über dem Bild stand: »Alle reden vom Wetter.« Unter dem Bild die trotzige, selbstbewusste Antwort: »Wir nicht.« Auf dem Brustpanzer der Lokfront das Zeichen »DB«.

Die Bahn zeigte es dem anwachsenden Autoverkehr. Der stetig bedrohlicheren Blechlawine. Im Kampf Schiene gegen Straße versuchte die Bahn zurückzuschlagen. Sie pochte auf ihre robustere, unkompliziertere Technik. Sie sei dasjenige Verkehrsmittel, das durch das schlechte Wetter nicht auszubremsen sei. Auf einmal hatte die Bahn die besseren Argumente gegen das Wetter. Und in Extremfällen, bei Schnee und Eis, bei Sturm und Regen, die besseren, stärkeren Kräfte:

»Alle reden vom Wetter. Wir nicht.«

Und es gab in der Folgezeit genug Schnee-Einbrüche, orkanartige Stürme, sintflutartige Regengüsse, bei denen die Bahn recht behielt. Endlose Autoschlangen blieben in endlosem Verkehrschaos stundenlang stecken, Menschen mussten in Notaktionen aus ihren Autos geholt werden. Es gab zahllose Unfälle. Unterspülte Straßen. Massenkarambolagen. Ineinander verknäulte Autos. Umstürzende Lkws. Gesperrte Autobahnen, bei denen Rettung nur durch Hubschrauber und Feuerwehreinsätze möglich war. Die Bahn blieb eine Zeitlang Punktsieger bei bösen Witterungsverhältnissen.

Im Winter 2010 hatte ich am 2. Februar eine Lesung in Rostock. Es sollte die erste Lesung im neuen Haus der Buchhandlung Heymann werden. Eine Premiere. Schneewarnungen waren durchgegeben worden. Ich saß im ICE, der auf der Strecke mehrmals wegen heftiger Schneefälle zum Halten kam. Und schließlich endgültig vor dem Schnee kapitulieren musste. Zwei Stunden blieb er stehen. Ohne Zuspruch, ohne Ansage. Ungewiss sei es, wann es weitergehen könnte. Es wurde sechs Uhr, sieben Uhr. Meine Lesung, von der ich frohgemut am Telefon erfahren hatte, sie sei ausverkauft, trotz des Wetters!, sollte um acht Uhr beginnen. Der Zug raffte sich noch einmal auf, schaffte es mit einem Schneepflugzug vor sich und schneeschaufelnden Bahnarbeitern bis zu einer S-Bahn-Station an Rostocks Stadtrand. Von dort sollte irgendwann ein Zug in die Stadt fahren. Ich hatte über das Handy ständig mit der Buchhandlung Kontakt. Als ich am Bahnsteig durch den hüfthohen Schnee stapfte und mich zum Ausgang kämpfte, wartete der Buchhändler mit dem Auto auf mich. Diesmal hatte das Auto gewonnen. Jetzt war es das Robustere, das gegen die hochempfindliche ICE-Elektronik die besseren Chancen hatte.

Aber nicht nur die Bahn wurde bei ihrem dem Wetter trotzenden Slogan und ihrem stolzen »Wir nicht!« vom Wetter in die Schranken gewiesen. Durch extreme Witterungen, die auf hochempfindliche Elektronik stießen und sie außer Gefecht setzten.

Der Sozialistische Deutsche Studentenbund (SDS) hatte nämlich 1973 mit einer parodistischen Plakat-Aktion auf die Bahnwerbung geantwortet. Die Bahn hatte damit geprotzt und aufgetrumpft, dass sie auf ihrem Schienenweg unbeirrt von Schnee und Eis, Regen und klirrender Kälte ihrem Transportauftrag nachkommen würde. Nicht dem Wetter bot sie ihre stählerne Stirn, sondern dem Unwetter. Auf dem knallroten, sozialistisch roten Plakat wurde der Slogan der Bahn Wort für Wort wiederholt. In weißer Schrift. Ebenso lakonisch, nur mit der neuen Absenderangabe:»SDS Sozialistischer Deutscher Studentenbund«. Also: Die APO – die sich damals formierende sogenannte»Außerparlamentarische Opposition« – die übrigens im Unterschied zu Frankreich kein sie tragendes, sie durch Streiks unterstützendes Proletariat fand (wie Paris im Mai '68) und gefunden hatte.

Der Slogan meinte hier keinen Kraftakt gegen die Fährnisse der Natur – das Reden vom Wetter war als das unverbindliche Geschwätz gemeint, mit dem nach Meinung der APO die Politiker an der Wirklichkeit harmlos vorbeiredeten wie Briten in der unverbindlichsten aller Konversationsformen; wer über das Wetter plauschte und plauderte, trat niemandem zu nahe und tat niemandem weh.»Komm, lass uns lieber über das Wetter reden«, lautete damals eine Redensart, wenn ein Gespräch in Familienzank oder politischen Streit auszuarten drohte. Lass uns unverbindlich bleiben, hieß das.

Das SDS-Plakat stellte zwischen den oben platzierten Satz »Alle reden vom Wetter« und den untenstehenden in klotzigeren Buchstaben zweiten»Wir nicht« die Ikonographie der sozialistischen Entwicklungsgeschichte, der marxistischen Progression: die Köpfe von Marx, Engels und Lenin. Die drei, so sollte suggeriert werden, haben nie vom Wetter geredet. Sondern politisch gehandelt. Sozialistisch und revolutionär. Ein SDS-Slogan lautete:»Frieden ist machbar, Herr Nachbar!« Der Kampf, den der SDS führte, war der»Friedenskampf«, ein Unwort der sozialistischen Seite im Kalten Weltkrieg, ein Unwort, wie für Orwells»Doublespeak« aus 1984 erfunden.

Das Erste jedoch, wo das Plakat praktisch vom Nicht-Wetter, also der politischen und historischen Realität, zu schweigen anfing, war: Wo ist der vierte Kopf? Wo ist Stalin? Er war sang- und klanglos aus der ursprünglichen Köpfe-Quadriga gelöscht (wie übrigens Trotzki seit Stalins Zeiten aus der Ikonographie der Oktoberrevolution und ihrer Folgen).

Marx/Engels/Lenin/Stalin, so bebilderte das Emblem der Geschichte der kommunistischen Weltrevolution den sich zwangsläufig vom Kapitalismus zum Kommunismus entwickelnden Gang der Geschichte. Nun war Stalin, dessen Massenmorde nach seinem Tod auch offiziell ruchbar wurden wie seine Tyrannei, aus dem Bild gefallen. Ins Nichts. Es gab ihn nicht mehr. In den DDR-Lexika hießen seine Verbrechen von da an euphemistisch »Personenkult«. Nun war er aus dem klassischen Personal gefallen. Ins Nichts. Eine Unperson geworden. Jetzt lebt er, in postkommunistischer Nostalgie, wieder auf.

Doch noch schlimmer erging es dem Plakat mit dem Wetter. Es erwies sich als grundlegender Fehler, *nicht* vom Wetter zu reden. Der SDS machte sich noch über den Wahlkampf Willy Brandts lustig, der für einen blauen Himmel im Ruhrgebiet Wahlkampf geführt hatte. Er redete, so spottete man, vom Wetter.

Inzwischen drängte sich das Wetter nicht nur der Bahn in den Weg, sondern auch denjenigen, die hochmütig die Lippen kräuselten, verächtlich den Mund verzogen, wenn man vom Wetter sprach. Auf einmal gab es das Waldsterben (das es in Wirklichkeit so auch wieder nicht gab; wer mit der Bahn im stetig Grünen durch den Sommer fährt, weiß das), die Klimakatastrophe, die Erderwärmung, den Raubbau auch am Klima. Und so hat das Plakat, das anfangs zu sagen schien: »Ätsch, wir reden nicht vom Wetter«, die Linke an dieser Stelle überholt. »Ätsch, wir reden vom Wetter!«, sagten die neuen Protestler und Außerparlamentarischen. Es waren die Grünen.

Geldlos in Zürich

Von 1960 an lebte ich in Stuttgart. Als Theaterkritiker, dann als Dramaturg am Württembergischen Staatstheater, schließlich als Leiter des Feuilletons der *Stuttgarter Zeitung*. Die Fahrt von Stuttgart nach Zürich dauerte damals zwischen drei und vier Stunden, und der Besuch des Zürcher Schauspielhauses war Pflicht. Zürich war während der Herrschaft Hitlers die letzte Zufluchtstätte deutscher Emigranten gewesen, und es gab dort das letzte bedeutende und freie Theater, an dem Deutsch gesprochen wurde.

Oskar Wälterlin, der Schweizer Theatermann, war von 1938 bis zu seinem Tode 1961 Leiter dieser Bühne, an der sich nach 1933 die Elite der deutschen Schauspieler, die emigrieren mussten, versammelte. Therese Giehse zum Beispiel, die große alte Dame, die 1941 in der berühmten Uraufführung die Mutter Courage in Brechts Stück spielte. Da das Theater nach dem Krieg auch die beiden Schweizer Dramatiker Frisch und Dürrenmatt förderte, konnte man die Giehse noch 1962 als Irrenärztin in den *Physikern* sehen. Das Stück wurde ihr vom Autor gewidmet.

Brecht kam nach seiner Emigration in die USA auch nach Zürich, und wir Theaterkritiker wohnten im selben Hotel, dem Hotel Urban, in einer lauten, lärmenden Nebenstraße in der Nähe des Schauspielhauses. Es war preiswert, und es war auch eine Ehrensache für Theaterleute, hier abzusteigen. Die

Zimmer waren klein und im Sommer stickig heiß, an die Kunstseidendecke erinnere ich mich, weil sie rutschig war. Was heute eine drittklassige Absteige wäre, war damals für uns Besucher aus Deutschland unfassbarer Luxus, der hier in dieser Hochfestung einer intakt gebliebenen Großbürgerlichkeit ohne Krieg und Hitler durch Europas barbarische Kriegsjahre gekommen war.

Auch wenn Zürich gleich nach dem Krieg etwas Unwirkliches hatte als Großstadt neben den zerbombten deutschen Städten Berlin, Stuttgart, München oder Frankfurt, so konnte man im Verlauf der Reisen und Lesereisen in den folgenden Jahrzehnten merken, wie sehr die deutschen Großstädte in ihren Gewohnheiten, Geschäften, Warenangeboten, Restaurants und Cafés im Hinblick auf Internationalität ihres Publikums aufholten, ohne die lähmende Selbstverständlichkeit dieser bürgerlichen Festung, gegen die die Schweizer Dramatiker und Autoren in ihren Stücken und Romanen anrannten.

Bis vor ein paar Jahren konnte man, nahe der Limmat und nahe dem Zürichsee, noch im Café Odeon sitzen. Das zweigeschossige Café stammte aus der Zeit vor dem Ersten Weltkrieg, war das Künstlercafé der Dadaisten gewesen und hatte in allen Epochen Maler, Schriftsteller, Emigranten der beiden Weltkriege und der sie begleitenden Kunst- und Kulturrevolution beherbergt. In dem oberen Stockwerk des jugendstiligen Kaffeehauses standen Billardtische, unten konnte man an sonnigen Tagen auf der Straße sitzen und den hier ruhigen Verkehr der Stadt, die Flaneure und Touristen an sich vorübergleiten lassen. Joyce hat hier seinen *Ulysses* geschrieben.

Vor allem aber war das Odeon Lenins Stammcafé während seines Schweizer Exils gewesen; von hier aus dirigierte er bis 1917 die Aktionen der Bolschewiki in Petersburg. Die deutsche Militärregierung schaffte den Revolutionär mit anderen bolschewistischen Exilanten in einem plombierten Eisenbahnwagen nach Russland, das er im April 1917 über Schweden und Finnland erreichte. Das Manöver, das dazu gedacht war, Russland durch eine Revolution aus dem Krieg in den Waffenstillstand zu treiben, gelang. Allerdings gründlicher als erwartet. Am Ende stand der Sieg der Kommunisten über den Zaren und das Petersburger Bürgertum. Aus Russland wurde die Sowjetunion. Also war das Café Odeon, mitten im kapitalistischen Zürich, der Nabel der Welt. Zürichs Zorn auf Zwingli und den Calvinismus, der auf den rigorosen protestantischen Pietismus zurückgeht, ist ja, laut Alfred Weber, eine der Ursachen und Wurzeln des Kapitalismus – wie der Puritanismus der englischen Auswanderer nach Amerika oder der strikte Glaube der Hugenotten. So war das Odeon schon ein denkwürdiger Ort der Geschichte: Ausgerechnet im Herzen des auf der rigiden protestantischen Religion basierenden kapitalistischen Bürgertums wurde die Lunte gelegt, die in Petersburg eine Hauptmacht der Alten Welt in die Luft sprengen sollte.

Zu Zeiten der Anfänge Dürrenmatts und Frischs war das Café Odeon ein beliebter Tummelplatz liberaler und linker Geister, junge Künstler stießen auf alte Emigranten, die hier, wie in der Kronenhalle, verkehrten. Elias Canetti, François Bondy, Manès Sperber.

Leider ist das Café Odeon inzwischen nur noch so etwas wie eine Ruine. Es ist den hohen Grundstückspreisen in der Nähe der Limmat, im Herzen Zürichs, zum Opfer gefallen. Das obere Geschoss ist längst weg. Und das engbrüstig gewordene Café unten ist halbiert. Die andere Hälfte hat eine Apotheke bezogen. Wer nach langer Zeit an solche Orte zurückkommt, erlebt das überall. Geschichte weicht dem Fortschritt. Gier ist nicht zu bremsen.

Andererseits ruht die Stadt noch sehr gelassen in ihren alten Gemäuern. Später habe ich noch einmal an einer absurden Besonderheit die nicht zu erschütternde Ruhe dieser Großbürgerwelt erlebt. Das war, als in Deutschland der Rinderwahn ausgebrochen war und alles Fleisch am Knochen in den Generalverdacht fiel, eine Hirnkrankheit auszulösen. Damals wurden Unmengen Rinder, vor allem in England, gekeult, verbrannt und verscharrt. Ich erinnere mich noch, wie ich während des Höhepunkts dieser Hysterie an einer Diskussion bei Sabine Christiansen teilnahm, am nächsten Tag zu einer Veranstaltung nach Zürich flog, mittags in der Kronenhalle das berühmte Bollito misto vom Wagen bestellte und mit einer Selbstverständlichkeit zu der Zunge, dem Tafelspitz, dem Huhn aus der Brühe tatsächlich Markknochen serviert bekam, die in Deutschland damals aus allen Metzgereien und Restaurants verbannt waren, als seien sie giftige Fliegenpilze, so wie viele Jahre später, im Sommer 2011, die Tomaten und Gurken. Als ich den Knochen ungeniert vom Mark befreite und es mir stark gesalzen auf einen Wecken legte und in den Mund schob, kam ich mir so aus der Zeit gefallen vor wie neulich, als ich eine Folge der *Mad Men*-Serie im Fernsehen sah, in der einer der Helden im Auto einen Knopf neben den Armaturen erst eindrückt und, als dieser automatisch wieder herausspringt, den glühenden Kopf des Zigarettenanzünders an seinen Glimmstängel führt. Es war ein winziger Moment, der meine jahrelangen Gewohnheiten beim Autofahren wieder zurück in mein Gedächtnis hob, ein abgelebter Augenblick, der mich an ein vergessenes Laster und an den überfüllten Aschenbecher im Auto erinnerte, in dem sich die Kippen drängten. Mir war, als käme der beißende, bittere Geruch der damaligen Autofahrten zurück mit diesem aus der Armatur springenden Feuerzeug.

Ich meine mich zu erinnern, dass ich mein Gehalt bei der *Stuttgarter Zeitung* noch am Monatsende in einer Tüte erhielt, sie war durchsichtig, nicht wie Zellophan, sondern milchig wie Pergamentpapier. In der Tüte lag ein langer dünner Gehaltsstreifen, auf den eine Rechenmaschine den Betrag und die einbehaltenen Steuern gedruckt hatte.

Ich erinnere mich noch, wie ich als Werkstudent in den Ferien auf der Zeche Dahlbusch arbeitete, wo es jeden Freitag Auszahlung gab. Und ich erinnere mich auch an die Frauen am Werktor der Zeche, die hier ihren Männern auflauern mussten, damit die, zumindest manche von ihnen, das Geld nicht gleich in die Kneipe und ins Bordell, »Eierberg« geheißen, trügen. Sie klammerten an den Männern, und das buchstäblich, bis die ihnen den Großteil des eingetüteten Geldes überlassen hatten und mit ein paar Mark in die Kneipe abschwirrten.

Als ich dann zum Theater kam, musste ich mir ein Girokonto einrichten, auf das mein Gehalt überwiesen wurde. Damals machten mich Kollegen auf den Begriff des »Schüttelschecks« aufmerksam. »Schüttelscheck? Du gehst zum Schalter, reichst deinen Scheck dem Bankbeamten. Der schüttelt den Kopf, weil dein Scheck durch das Konto nicht gedeckt ist. Und du kriegst wegen der hinter dir und um dich stehenden Kunden einen hochroten Kopf.«

Damals bestand die Welt für mich aus Ratenzahlungen, weil ich »aus Liebe«, also überstürzt durch die Geburt eines Sohnes, heiraten musste und als junger Redakteur einen Hausstand zu gründen hatte. Als mir in Zürich Automaten das Geld verweigerten, erinnerte ich mich panikartig an die Schüttelschecks.

Lesereisen wurden damals in den siebziger Jahren bar bezahlt. Jedenfalls weitgehend. Der Buchhändler machte am Ende der

Lesung – ich hatte mehr oder weniger fleißig signiert – einen Kassensturz aus den verkauften Karten und den zusätzlich verkauften Büchern und zahlte mir das Geld aus. Bar auf die Kralle, wie man damals sagte. Dann nahm er einen kleinen Rechnungsblock, legte das Kohlepapier zwischen die dicke Quittungsseite und die dünne Kopie und schrieb ad hoc eine Rechnung. Er gab mir die Kopie, die er aus dem Rechnungsblock trennte, und sagte:»Die Rechnung muss ich leider dem Finanzamt vorlegen.« Die Buchhändler sagten tatsächlich meist»leider«. Ein Hauch vom heutigen Griechenland umweht mich in der Erinnerung an diese Szene.

Ich war, leider, immer ehrlich. Nicht weil ich immer ehrlich sein wollte, sondern aus Vernunft. Würde ich bei einer Stichprobe »erwischt« werden, dann würde das Finanzamt in den nächsten Jahren meine Akten und Belege so untersuchen, wie es das jetzt (wir schreiben das Ende des Jahres 2012) bei der Deutschen Bank en gros tut. Bei mir en détail, mit ähnlich unangenehmen Folgen.

1972 wurde ich Redakteur beim *Spiegel* – einer der beiden verantwortlichen Kulturredakteure. Vorher war ich bei der *Zeit*, kannte aber Rudolf Augstein schon ein paar Jahre. Wir trafen uns nach Theaterpremieren, im Kino, bei Empfängen und zu anderen Veranstaltungen, und meist wenn man sich mit Augstein, seiner Frau Maria, später mit seiner Frau Gisela zusammensetzte, passierte anschließend beim Restaurantbesuch dasselbe. Man hatte zusammen gegessen, vor allem getrunken, in verrauchten Lokalen in St. Georg oder St. Pauli, in den italienischen Restaurants Cuneo und Paolino, die nach den Vorstellungen von Künstlern überschwemmt waren, im Monsignore hinter dem Schauspielhaus oder dem Delice in der Markthalle:

Augstein, der ein großzügiger Gastgeber seines Tisches war, hatte kein Geld bei sich. Und so fragte er mich oder auch einen anderen Kollegen vom *Spiegel*: »Könntest du die Rechnung für mich bezahlen? Ich habe kein Geld bei mir.« Bei manchen Lokalen, wo er Stammkunde war, bedurfte es dessen nicht. Er ließ sich die Rechnung ins *Spiegel*-Haus schicken. Wer sich aber anschickte, für ihn das Geld auszulegen, brauchte sich auch keine Gedanken zu machen. Er musste nur am Tag danach in Augsteins Büro fahren, bei Frau Sch. oder Frau S., seinen Sekretärinnen, vorsprechen und sagen, man habe für Herrn Augstein die und die Summe ausgelegt. Die Sekretärin ging dann mit einer großen Selbstverständlichkeit zu einer Kasse, entnahm ihr ein paar Scheine, die passende Summe. Und der Fall hatte sich erledigt. Soweit ich mich erinnere, brauchte man keine Belege vorzulegen.

Was ich heute daraus schließe: Es gab damals noch keine Kreditkarten. Oder man benutzte sie nicht. Das war, wie gesagt, in den siebziger und achziger Jahren.

1960 hatte Billy Wilder seinen Film *The Apartment* herausgebracht. Ein Jahr nach seinem größten Kinohit, nach *Some Like It Hot*. Seit *Some Like It Hot* hieß auf Deutsch etwas, was vorher »scharf« hieß, jetzt »heiß«. Nicht: »Sie hat mich scharfgemacht«, sondern: »Sie hat mich heißgemacht.« Scharf und heiß war eines geworden. »Hot Pants« kamen als »heiße Höschen« auf den deutschen Fleischmarkt. *Some Like It Hot* ging, bis auf einen Neben-Oscar für die Kostüme, bei der Preisverleihung 1960 leer aus. Dafür prasselten auf *The Apartment* die meisten Oscars, die Billy Wilder je gewonnen hatte, nieder. Sechs an der Zahl. Er hat mir später immer wieder mit seinem sardonischen Lächeln erzählt, das sei aus Wiedergutmachung geschehen. Weil *The Apartment* bei all seiner Frivolität gleichzeitig seriöser war.

The Apartment ist das erste A-Picture, also seriöse Kinowerk, in dem die amerikanische Filmzensur die Tatsache durchgehen ließ – das heißt, man durfte sie ansprechen, über sie sprechen, wenn auch nicht zeigen –, dass zwei Menschen miteinander schlafen, die nicht verheiratet sind. Und dass sie, obwohl oder weil sie nicht verheiratet sind, dabei mehr Spaß haben als mit ihren Ehepartnern. Zumindest für eine gewisse Zeit. In *Seven Year Itch*, 1955, durfte ein Mann von Ehebruch bloß träumen, und das auch nur, weil in den Hundstagen in New York die Monroe neben ihm wohnte und seine Familie, Frau und Kinder, im Urlaub am Meer waren, während der Arme zu Hause im heißen New York scharf wurde, aber jeden Tag nur in einem Buchverlag arbeiten musste.

In *The Apartment* geben die leitenden Angestellten viel darauf, dass ihnen Jack Lemmon sein Apartment für ihre Seitensprünge leiht. Er darf hoffen, dafür Karriere zu machen. Nur Weihnachten gehört Papi der Familie. Das ist die Tragödie des *Apartments*. Ich erinnere mich, viele Jahre später über einen bayerischen Ministerpräsidenten gelesen zu haben, dass er zu Weihnachten aus dem trauten Heim heimlich auf schneeverwehter Terrasse mittels Handy mit seiner schwangeren Geliebten telefonierte. Die Geschichte mit dem Apartment scheint also Hand und Fuß zu haben. Mit oder ohne Handy.

Als ich mich mit Billy Wilder über sein *Apartment* unterhielt, sagte er, es sei ein Film, der die Lockerung der Zensur des Hays-Office ausgenutzt hätte. Und er sagte noch etwas. Es sei ein Film der neuen Kreditkarten. Kreditkarten? Soweit ich mich erinnern kann, spielen sie in dem Film keine Rolle. Aber Wilder kam auf die neue Moral oder den neuen Moralverfall zu sprechen, dem sein Film Rechnung trage. Es sei das Motto der Kreditkarten gewesen, das ihn bewegt und inspiriert hätte. Das Motto: »Buy now! Pay later!« Kauf jetzt, zahl später. Genieße das Jetzt. Die Rechnung kannst du ja später immer noch begleichen.

Ich habe damals nicht gleich begriffen, dass der Film von der Gier handelt, die in die große Bankenkrise von 2008 mündete. Diese Gier, die es natürlich schon immer gab, die sich aber auf einmal neue Verwirklichungsmöglichkeiten kaufen konnte. Auf Teufel komm raus. Wie der Wolf, der das Fleisch im Maul trägt und noch dessen Schatten gierig vernaschen, erraffen, reinwürgen will.

1983 wurde der HSV unter seinem damaligen Trainer Ernst Happel Sieger des UEFA-Pokals, als Europa-Champion. Warum ich darauf komme? Weil ich im Jahr 1983 schon ziemlich lange Ressortleiter beim *Spiegel* war, aber zwei Angebote hatte. Einmal das der Rückkehr zu der *Zeit* als Ressortleiter. Und zum anderen das Angebot, mich um eine Professur für Theaterwissenschaften mit guten Aussichten auf Erfolg zu bewerben. Ich erzählte – irgendwo musste ich ja mein Herz ausschütten – einer Kollegin davon, die es brühwarm Augstein erzählte, um ihn zu alarmieren. Er rief mich sofort an und fragte, ob ich Zeit hätte (ich glaube, es war ein Mittwoch), mit ihm im Restaurant Peter Lembcke zu Abend zu essen.

Ich sagte, im Prinzip schon. Nur könnte ich erst später kommen, da der HSV ein Spiel auf dem Wege zum UEFA-Cup zu bestreiten habe. Und zwar in Hamburg. Das würde aber gegen 21 Uhr zu Ende sein. Danach könnte ich kommen, wenn ihm das nicht zu spät wäre.

Augstein war einverstanden. Ich fuhr ins Stadion. Das Spiel endete nach der regulären Spielzeit mit einem Unentschieden, musste als Pokalspiel also verlängert werden. Ich geriet auf der Heimfahrt auch noch in einen Verkehrsstau, sodass ich mehr als eine Stunde zu spät in dem Restaurant ankam. Der Ober stand auf der obersten der drei Stufen in der Tür und sagte vorwurfsvoll: »Wo bleiben Sie denn? Herr Augstein wartet schon über eine Stunde auf Sie.« Ich war zerknirscht, aber über den Sieg des HSV froh.

Rudolf Augstein machte mir keine Vorwürfe, nur mussten wir das Lokal, das schließen wollte, mitten in unserem Gespräch verlassen. Wir suchten und fanden ein Nachtlokal in St. Georg – dessen aufgerüschte Mädchen lenkten uns nicht allzu sehr ab. Wir wurden einig, dass ich beim *Spiegel* bleiben und eine Gehaltserhöhung erhalten sollte. Und dann ging es ans Bezahlen. »Hast du Geld?«, fragte Augstein. »Leider nein«, sagte ich. »Das ist kein Problem«, sagte Augstein. »Ich nehme mir ein Taxi, fahre zum Hotel Atlantic. Dort bekomme ich sicher Geld, weil die mich kennen. Und dann löse ich dich hier aus.«

Ich blieb in dem Lokal sitzen, fürs Auge gab es viel zu beobachten, sodass mir die Zeit nicht lang wurde. Es mag etwa zwanzig Minuten oder eine halbe Stunde gedauert haben, bis Rudolf Augstein wiederkam. Er sah, wie ich nach einer dunklen Frau schaute. Grinste. Zahlte. Wir gingen. Jeder fuhr mit einem Taxi nach Hause.

Am nächsten Tag rief mich Augstein an und sagte, er rechne es mir hoch an, dass ich wirklich nach Hause gefahren sei. Er habe das überprüft. Die Frau, zu der ich heimlich gestarrt habe, sei wirklich noch allein da gewesen.

Ich blieb dann bis zum Jahr 1999 beim *Spiegel*. Zu dem Zeitpunkt wäre das Ganze längst nicht mehr passiert. Da hatten wir alle schon seit Jahren Kreditkarten.

Polo in St. Moritz und die Folgen

Als ich jung war, sagen wir achtzehn, aus der DDR kam und im Nachkriegsdeutschland aufwuchs, kannte ich den Polo-Sport nur vom Hörensagen. Für mich war das eine verrückte, überkandidelte Sportart spleeniger Engländer, die, falls sie Pferde hatten und adelig waren, einem seltsamen Reiterspiel frönten. Bei dem saßen sich, wie ich später nachlesen konnte, vier gegen vier Spieler auf vier Pferden gegenüber. Den Pferden waren die Beine bandagiert, damit der Hartball, der mit einem hammerartigen Holzschläger gegen den Gegner gepeitscht, geschlagen, getrieben wurde, die Beine der edlen, schweißglänzenden Tiere nicht verletzte. Den Hammer schlugen über die Hälse der Tiere gebeugte Jockeys an einem Stiel.

Spielzeit, Spielort, Spielfeld erweckten bei mir schon beim Hörensagen den Gedanken an eine extreme Sportart. Es gab, so lernte ich später, ähnlich wie beim Golf Handicaps, die beim Spielverlauf mitberechnet wurden. Und das Spiel, so erfuhr ich, besteht aus vier bis acht Spielabschnitten, von denen jeder sieben und eine halbe Minute (sieben und eine halbe Minute! Typisch britische Zeitrechnung wie in Unzen und Füßen und Zoll) dauert. Das Spielfeld misst 300 mal 200 Yards und ist natürlich, ähnlich wie beim edlen Lawn-Tennis oder beim vulgären Fußball, ein Rasen. Beim Fußball eher ein Acker. Beim Polo eben ein handgepflegter Rasen, wie mit der Nagelschere geschnitten, und von Pferdeäpfeln gesäubert.

Ich war 1952 nach Schwaben gekommen, und bevor ich 1967 von Stuttgart nach Hamburg zog, hatte ich nie eine Polo-Anlage betreten oder gar ein Polo-Spiel besucht. Ich kannte vom Tennisspielen Polohemden, auch solche mit einem Polo-Logo wie bei Ralph-Lauren-Polo-Shirts auf der linken, der Brustseite. Man sieht da die Umrisse eines Polo-Pferdes mit Reiter, vier Pferdebeine, die sich nach hinten perspektivisch verjüngen, einen Jockey, der, groß auf Angriff gestylt, den Schläger schwingt und das Pferd antreibt. Ein Kampfsport der exquisitesten Art.

Ich hatte von dieser komisch abgehobenen, versnobt exzentrischen Sportart, die nach Burberry-Läden, Burberry-Pullovern und Burberry-Shawls zu duften schien, nur aus Billy Wilders überdrehter Filmkomödie *Some Like It Hot* Kenntnis, und das war ziemlich überkandidelt.

Tony Curtis, ein arbeitsloser Saxophonspieler, der sich mit Jack Lemmon in eine Damen-Band eingeschlichen hat, mimt da, um Marilyn Monroe, die Ukulelespielerin und Sängerin, zu erobern, einen Yachtbesitzer und Shell-Erben (ja, den mit der Muschel als Firmenzeichen). Als er ihr auf der Yacht – die ihm nicht gehört und auf der er sich nicht auskennt und zurechtfindet –, um mit dem Boot anzugeben, Silbertrophäen zeigt, flunkert er ihr vor, er habe diese Trophäen beim Wasserpolo gewonnen. Bewundernd-erschrocken fragt ihn die hinreißende dümmliche Blondine, von der Monroe gespielt:

»Wasserpolo? Ist das nicht schrecklich gefährlich?«

»Das kann man wohl sagen«, erwidert Tony Curtis mit stolzem Understatement. »Zwei Ponys sind unter mir ertrunken!«

Und das »unter mir ertrunken« artikuliert der Judenjunge aus der Bronx mit dem snobistischen britischen Akzent eines Cary Grant. Die Szene ist eine parodierte Oberschicht-Underdog-Aufsteigernummer der besonderen Art. Eben eine Polo-Nummer.

1967 kam ich zur *Zeit* nach Hamburg und spielte mit Rudolf Augstein am Morgen Tennis. Ich fuhr von Wellingsbüttel zu ihm nach Blankenese, und wir stümperten ein wenig elegantes Tennismatch im Polo-Club, in der Nähe von Augsteins Elbhöhe-Anwesen, wo er uns in die Tennis-Abteilung des Clubs eingeschrieben hatte. Ich glaube, ich trug damals ein Ralph Lauren-Polohemd. Falls es das schon gab.

Die absurde Aufschneiderei von Tony Curtis fiel mir wieder ein, als ich als Gast am St. Moritz Polo World Cup teilnehmen durfte. Dieser Weltcup findet, wie die Fremdenverkehrswerbung stolz verkündet, als »St. Moritz World Cup on Snow«, als das »weltweit prestigeträchtigste Winter-Polo-Turnier jedes Jahr Ende Januar an vier Tagen auf dem zugefrorenen St. Moritzersee statt«.

Da treffen die weltbesten Teams aufeinander, um mit ihren Pferden auf der Eisfläche des St. Moritzersees den pulverisierten Schnee mit Hufen und Hammerschlägern aufzuwirbeln. Meist scheint eine ultraviolett klare Höhensonne über dem Traumort in Graubünden. In der Ferne sieht man die weißen Villen und Hotelklötze des Wintersportortes, in der Nähe schicke Verkaufsstände und Zelte, schöne Frauen in Pelzen, Herren mit Pudelmützen, grauen Schläfen und Piz-Buin-gebräunten straffen oder gestrafften Gesichtern, die Crème de la Crème des Wintersports, die, Champagner-Kelche in der Hand, dem stampfenden und klickenden Geräusch der Polo-Spieler zuschaut. Unter den Helmen der bunten Polo-Profis und über den wirbelnden Hufen der in Stop-and-Go-Manier dampfenden Pferde scheint die Welt sich in eine einzigartige Sonnencreme-Reklame zu verwandeln. Man sieht in der trockenen Kälte, wie der Atem wie Rauch aus den Nüstern der Rosse aufsteigt, vor einer Kulisse eleganter Damen, aparter pelzumhüllter Models und ihrer sportiven Begleiter in edlen Stiefeln und eleganten Anoraks.

Jetzt, am 21. 1. 2002, war ich unter den Reichen und Schönen und vertrat mir die kalten Füße. Ich las bei einer Matinee in einem Zelt der eleganten Ledermöbel-Designfirma *de Sede*. Die Lesung fand nach oder zwischen dem Polo-Turnier statt. Im Zelt wurde Champagner gereicht. Ich saß auf einem eleganten rotledernen *de Sede*-Sofa. Und las aus meinem Roman *Betrug*, einer Ehebruchsgeschichte aus Hamburg. Und aus meiner Billy-Wilder-Biographie. Am Abend fand ein glanzvoller Ball im Palace Hotel in St. Moritz statt. Ich war für eine Nacht in ebendiesem Hotel untergebracht, wo man die High Society des Skisports zelebrierte. Für mich war das insofern komisch, als ich Jahre zuvor, ebenfalls mit meiner jungen Frau und Rudolf Augstein, mir auf dem Corvatsch bei einer unfreiwilligen Schussfahrt (mangels der nötigen Skitechnik) den Oberschenkel mehrfach gebrochen und damit ein für alle Mal das Skifahren und während des Krankenhausaufenthalts auch das Rauchen abgewöhnt hatte.

Von dem Hotel, in dem ich nun für eine Nacht schlief und als Zaungast in das Fest der Verwöhnten schnupperte, ging in früheren Tagen – in denen der Schah nebst seiner Soraya oder Farah Diba noch der illustreste Gast war – die Sage, dass zu Sylvester der Champagner und die Weine durch die Wasserleitungen geflossen seien. Rot durch »Hot« und Weiß durch »Cold«?

Jetzt jedenfalls, 2002, gab es längst keinen Schah mehr. Und der Champagner wurde von livrierten Kellnern aus Flaschen eingeschenkt. So reichlich, als käme er aus Wasserhähnen.

Ich weiß nicht mehr, wem ich die Bekanntschaft zu *de Sede* zu verdanken hatte. Jedenfalls wurde ich in den neunziger Jahren zum ersten Mal in ein Möbelhaus bei Hamburg eingeladen. Die Einladung war von *de Sede* ausgegangen, und von da an habe ich oft auf den wunderschönen roten exquisiten Ledercouches der Fima *de Sede* gesessen und gelesen. Aus *Betrug* und *Billy Wilder* und aus meinem Filmbuch über die hundert schönsten Filme. Alles, was in die Welt dieses stilsicheren, modisch erfolgreichen Möbelhauses passte. Meist lagen die großen Geschäfte mit ihren riesigen Ausstellungsflächen außerhalb der großen Städte, in Einkaufszentren, und so habe ich sowohl bei Regensburg als auch in der Eifel, in der Nähe Stuttgarts und in der Umgebung Münchens und in Zürich gelesen.

Die Firma *de Sede* war aus einem kleinen, handwerklich geprägten Familienunternehmen im schweizerischen Klingnau, nahe der deutschen Grenze bei Waldshut, entstanden. Bald entwickelte sich der Betrieb, der handwerkliche Solidität mit wertvollem Material, speziellem edlen Rindsleder, verband und raffinierte Designer-Entwürfe in Schweizer Wertarbeit umsetzte, zu einem international renommierten, exklusiven Möbelunternehmen. Ich lernte während der Lesungen Gebietsvertreter kennen, die mich mit dem Auto abholten und zu den Veranstaltungen gewissermaßen im freien Feld und inmitten von Verkaufszentren fuhren. Nach der Rückkehr nach Ingolstadt, Regensburg oder Zürich saß ich mit den aufmerksamen Vertretern und ihren Frauen beim Essen, das alles hing natürlich damit zusammen, dass mich vor allem die Frauen aus dem *Literarischen Quartett* kannten und mochten. Ich kann sagen, ich war ein gerngesehener, geschätzter (von mir aus auch: überschätzter) Gast und habe viel Zuspruch, Gastlichkeit und Aufmerksamkeit erfahren.

In den späten neunziger Jahren gehörte *de Sede* durch Management-Buy-out unter anderem Hans-Peter Fässler, einem kultivierten und lebenszugewandten Zürcher, der an der »Goldküste« sein Haus hatte und mit dem ich in Zürich im Restaurant am Zürichsee saß, wenn ich in der Nähe eine Lesung hatte. Seine Sekretärin, Frau Kaiser, die jeden Tag aus Deutschland in die Schweizer Firma reiste, hatte eine liebenswürdig zupackende Art und war eine hervorragende Organisatorin von Reisen. Wenn sie nicht, wie am Anfang, selber mitreiste, übergab sie mich mit strengen Hinweisen den örtlichen Vertretern. Ich fühlte mich aufgehoben und, was die Organisation der Reise betraf, stets auf der sicheren Seite.

Herr Fässler, der Zürcher Geschäftsmann, war in Mailand ebenso zu Hause wie in Zürich, immer von schönen Frauen umgeben und von Kunst, Kino und Luxus. Ich glaube, dieser Verbindung verdanke ich es, dass ich 2005 zum ersten Leiter des Zürcher Filmfestivals berufen wurde. Neben der Tatsache, dass ich für den Diogenes Verlag Daniel Keels mit meiner Frau Woody Allens Filme *Manhattan* und *Stardust Memories* übersetzt hatte.

Hier habe ich zehn Tage lang den Pioniergeist eines jungen Fimfestivals und den gediegenen Luxus Schweizer Mäzenatentums erlebt. Meine Frau und ich wohnten im Hotel Baur au Lac am Zürichsee und wurden des Morgens mit großen Privatautos von Zürcher Damen zum Festival abgeholt, die das alles aus Begeisterung für das neue Filmfest taten. Es umgab uns eine Mischung aus Solidität und Eleganz, wie sie nur der Schweiz und ihrem internationalen Flair eigen ist.

Ein paar Jahre später sollte auf diesem Festival der Ehrengast Roman Polanski den Preis des Filmfestes entgegennehmen. Er wurde, in einem spektakulären Akt, an der Grenze verhaftet, mit der Maßgabe, zu überprüfen, ob er den US-Behörden ausgeliefert werden sollte (wegen der Sex-Affäre mit einer Minderjährigen aus dem Jahr 1977, die Polanski Hollywood für immer verschließen sollte).

Mich verbindet kein derart traumatisches Erlebnis mit Zürich, wo Polanski im gleichen Baur au Lac absteigen sollte, aber ich habe immerhin einen Samstag voller Schrecknisse erlebt nach einer *de Sede*-Lesung an einem Freitagabend in einem Möbelhaus in der Zürcher Innenstadt.

Ich war an einem Samstag in Zürich auf einmal vollkommen zahlungsunfähig. Ich befand mich, mitten in der Bankenmetropole, in einer einen Tag währenden totalen Insolvenz.

Ich sollte Ende der neunziger Jahre, an einem Freitagabend, in der Innenstadt von Zürich aus meinem neuesten Buch vorlesen. Es war Sommer und heiß. Die Lesung fand in einem eleganten Möbelhaus in der Innenstadt statt, spät am Abend, nach Ladenschluss. Als ich in der Nacht nach Hause ging, hallten die Straßen, so leer waren sie. Ich glaube, etwas noch Toteres als die Zürcher Innenstadt in ihren leergefegten Geschäftsvierteln gibt es selbst in der Schweiz nicht. An den Straßenbahnschienen waren einige Arbeiter zugange, die hinter schützenden Schilden mit sprühenden Schweißbrennern die Schienen bearbeiteten. Ich konnte meine Schritte hören, sie hallten auf dem Pflaster, die Banken waren verschlossen wie Festungen, man sah Wachposten in Eingangshallen und fühlte sich misstrauisch beäugt.

Nach der Lesung hatte es im Möbelhaus noch einen kurzen Umtrunk und Imbiss gegeben, freundliches Geplauder. Aber die meisten wollten dann schnell nach Hause, ins Wochenende, sie hatten ja schon den Freitag für mich geopfert. Ähnlich wie in Frankfurt wirkt Zürich dann auf einmal einsam und verlassen, wie eine Stadt, deren Bewohner in die Berge und Vororte flüchten.

Ich eilte ins Hotel, hier gab es nichts mehr zu suchen und erst recht nichts zu finden, und so hüllte ich mich wohlig, wenn auch überdreht in die dicken Plumeaus. Eine halbe Flasche Rotwein half mir, aus der überdrehten Müdigkeit in den Schlaf zu finden.

Umso schöner war der Samstagmorgen, als das Wochenende mit einem herrlich blauen Himmel über dem See erwachte. Da ich am nächsten Tag nach München musste, hatte ich mir einen Zug nach dem Mittagessen ausgesucht und freute mich noch auf das Essen in der Kronenhalle.

Ich spazierte durch die Stadt, die Bahnhofstraße entlang, kam zum Paradeplatz, wo ich beim Chocolatier Sprüngli wie jedes Mal, wenn ich in Zürich war, für meine Frau in Schokolade getauchte Orangenschnitze kaufte, eine köstliche Spezialität, die in Hamburg nicht ganz leicht zu finden war. Dazu ein paar unvergleichliche Macarons, die in Zürich »Luxemburgerli« heißen und in den Farben Hellbraun, Braun, Grün, Gelb mit herrlichen Aromen und unter einer knirschenden Haube in den Geschmacksrichtungen Haselnuss, Schokolade, Pistazie, Vanille und Zitrone am Gaumen zergehen.

Jedes Mal, wenn ich damals die Schokoladengeschäfte in Zürich heimsuchte, die Hefti-, Sprüngli-, Lindt-, Toblerone-Geschäfte, kam mir die Geschichte von dem »Seiten-Sprüngli« in den Sinn, eine, wie ich finde, typisch schweizerische Geschichte, zumal der Eigentümer Gantenbein hieß (wie die Titelfigur in dem Eifersuchtsroman von Max Frisch), die Geschichte allerdings eher an Dürrenmatt erinnerte, an den *Besuch der alten Dame* etwa: Gantenbein heiratete eine Prostituierte, die ihm ein Leben lang wohlgetan hatte, und er vererbte ihr, sehr zum Ärger seiner Kinder, versteht sich, sein Lindt- und Sprüngli-Imperium. Die Zürcher nannten die Geschichte das »Seiten-Sprüngli«, aber die wackere Frau drückte der weltweiten Marke ihren speziellen Stempel auf, ein Tattoo-Zeichen, das auf ihre Vergangenheit als Prostituierte hinwies. Eine Geschichte, die in ihrer Mischung aus schokoladiger Solidität und Rotlichtmilieu wirklich wie ein Dürrenmatt-Plot in die Schweiz passt. Wer des Nachts, wie ich, durch das fast ausgestorbene, zum Fort Knox der westlichen Welt erstarrte Zürich nach Hause strebt, dem bleibt nichts anderes übrig, als sich an solche Geschichten zu erinnern und zu ihrer Verdauung im Hotel einen gewiss vorhandenen Toblerone-Riegel oder eine Tafel Lindt-Schokolade mit Tattoo-Zeichen zu verdrücken und unter den gewaltigen Kirchturmuhren der Zwinglikirchen in schwere Träume zu verfallen.

Das alles ging mir vormittags um 11 Uhr durch den Kopf, als ich am Paradeplatz einkaufte. Damals war ich durch das *Literarische Quartett* insofern als Raucher »rückfällig« geworden, als ich Zigarren rauchte. Schuld war der Immobilienkönig und Ex-Achtundsechziger Lunkewitz, der damals für die Autoren des von ihm erworbenen Berliner Aufbau-Verlages gerne in der ersten Reihe der *Quartett*-Gäste saß und mir anschließend eine edle Havanna-Zigarre offerierte, die ich – damals durfte man noch rauchen – genüsslich verpaffte, zu Kaffee und Cognac. Und zur Erinnerung an Lunkewitz und seine Havannas (»Cohibas« wie »Montecristos«) auch in Zürich kaufte, wo sie billiger waren als in Deutschland.

Nachdem ich also einen Kaffee und Luxemburgerli am Paradeplatz mit herrlicher Aussicht auf die sonnenbeschienene Haltestelle der blauweißen Straßenbahn mit ihrem melodischen Brummen und lebhaften Klingeln genossen hatte, ging ich in einen gutsortierten Tabakladen und kaufte mir für die Stunde nach dem Mittagessen eine Montecristo vom Format A. Das heißt, ich wollte mir eine kaufen und, da mein vorhandenes Schweizer Bargeld nach dem Sprüngli-Besuch merklich geschrumpft war, mit Kreditkarte bezahlen. Lächelnd nahm der Tabakladenbesitzer die Karte, steckte sie in seine Maschine und sagte dann, ohne seine Freundlichkeit verloren zu haben (sie wirkte nur leicht eingefroren), die Karte sei leider nicht gültig, das Konto gesperrt.

Da ich in Gelddingen aus frühen Lebenserfahrungen leicht zu verunsichern bin, brach mir gleich der Schweiß aus und legte sich als nasser Film auf meine Stirn. Ausgerechnet in der Schweiz, im Hort der Sekurität und finanziellen Seriosität, zahlungsunfähig zu sein, das war, noch dazu an einem Samstag, ein schwerer Schlag, ein furchtbares Malheur. Ich bat den Tabakladenbesitzer, telefonieren zu dürfen, rief die Amex-Nummer an und bekam den zuständigen Mitarbeiter sofort zu sprechen. Der eröffnete mir freundlich, dass ich selbst die Sperrung des Kontos ein paar Tage zuvor veranlasst hätte, weil mir doch meine Kreditkarte bei einer Zugfahrt von Frankfurt nach Köln abhandengekommen sei. Ich hätte sie verloren, oder sie sei mir gestohlen worden. Das alles sagte er mir, nachdem ich mich einem telefonischen Check unterzogen hatte. Geburtsdatum, Geburtsort, Wohnadresse, Pin-Wort. Alles in Ordnung und in der Reihe.

American Express habe mir, erklärte mir die Stimme am Telefon, längst eine neue Karte zugeschickt. Letzte Woche. Aber die Karte, die ich benutzt hätte, sei nicht die neue, sondern die verlorengemeldete. Mein Schweiß begann mir während dieses Telefonats bereits vom Hinterkopf über den Nacken den Hals hinunterzulaufen. Ich wusste auf einmal, dass ich in Zürich, zumal an einem Sonnabend, total aufgeschmissen war. Ein Outcast, ein finanzieller Paria. Alles, was ich hatte, war meine Rückfahrkarte nach München. Das Hotel musste ich auch noch bezahlen, da ich dort mein Gepäck für den Morgenspaziergang deponiert hatte. Ich ließ meine Montecristo ungeraucht und ungekauft in dem Laden, ging nervösen Schrittes, mehrmals stolpernd, zurück ins Hotel, keinen Blick mehr für den friedlichen Wohlstand der Stadt, der mich auf den gepflegten Straßen und bei Beobachtung der einkaufenden Passanten vorher in eine wohlige Ruhe versetzt hatte, die jetzt einer schwitzigen Gehetztheit gewichen war.

Im Hotel bestätigte sich meine schlimmste Ahnung. Als ich versuchte, die Rechnung mit einer goldenen Karte der Deutschen Bank, also auch einer Kreditkarte, zu begleichen, verweigerte das Gerät wieder die Annahme. Und auch die zweite Karte, die einer Sparkasse, die als Mastercard funktionieren sollte, war gesperrt. Visa, Mastercard, American Express, alle drei bargeldlosen Schutzengel hatten mich verlassen. Ich stand im Elend da. Und offenkundig hatte ich kein Handy dabei, obwohl mich da meine Erinnerung im Stich lässt und mir nur signalisiert, dass ich im Tabakladen mit dem Telefon des Händlers hatte telefonieren müssen.

Mein Geld reichte gerade, um im Hotel zu bezahlen. Das Hotel, die halbe Rotweinflasche Dôle und die Toblerone. Für ein Taxi zum Bahnhof kratzte ich all mein in den Taschen klimperndes Kleingeld zusammen. Es reichte mit Ach und Krach. Aber nicht mehr fürs Trinkgeld. Und auch für den Kauf einer einzigen Zeitung war nichts mehr übrig.

Ich hatte noch nie so viel Durst wie bei der stundenlangen Fahrt nach München. Fast wäre ich auf die Toilette gegangen und hätte das »Acqua non potabile« getrunken. Ich kam mit ausgetrocknetem Mund in München an. Ich ging ins Vier Jahreszeiten, wo man mich kannte, und schilderte mein Elend. Das Hotel lieh mir hundert Euro – der Portier räusperte sich verlegen, als er mir nach dem Satz das Geld aus der Kasse auf den Tresen legte: »Entschuldigung, natürlich können wir Ihnen hundert Euro vorstrecken, aber dürfte ich mir, nur für alle Fälle, versteht sich, Ihre Passdaten notieren? Es ist ja nur für alle Fälle, Herr Doktor.« Ich fuhr zum Flughafen und konnte, das Ticket hatte ich ja, zurück nach Hamburg fliegen.

Als Bargeld noch lachte

In Hamburg erreichten mich in der darauffolgenden Woche alle Kreditkarten: die goldene der Deutschen Bank (Eurocard) und der Girokasse Stuttgart (Visa) und von American Express die neue Platinum-Karte, im edlen Silbergrau. Ich legte sie vorsichtig neben die abgelaufenen Karten, die ich zur Sicherheit mit kleinen gelben Post-it-Zetteln beklebt hatte, auf die ich »Achtung! Ungültig!« schrieb, mit Ausrufezeichen. Ich holte die Papierschere aus dem Arbeitszimmer und das Telefon, ich unterschrieb die neuen Kreditkarten auf der Rückseite mit dem Füller, in dem lila Tinte war. Ich zog den Aufkleber von den neuen Karten und tätigte die benötigten Anrufe, um sie gültig zu machen. Dann, erst dann, schritt ich zur Tat und schnitt mit der Papierschere große Dreiecksstücke von den mit dem Vermerk »Achtung! Ungültig!« gelb beklebten, verfallenen Kreditkarten und warf sie in den Papierkorb, die abgeschnittenen Ecken wie die beschnittenen Karten. Dann lehnte ich mich zurück und atmete auf. Ich war wieder kreditwürdig.

Denn dem Zürcher Samstagsdesaster war zehn Tage vorher schon etwas vorausgegangen. Ich war, unterwegs von einer Lesung in der Nähe Münchens über Frankfurt und Köln, in einem Ort am Niederrhein, nahe der Grenze zu Belgien, gewesen. Der Veranstalter in Bayern hatte mir das Honorar für den Vortrag in bar ausbezahlt, tausend Euro, in zwei 500-Euro-Scheinen. Bräunliche Scheine. Am Vormittag hatte ich noch einen der

Scheine ordnungsgemäß am Schalter einer Filiale der Deutschen Bank in München eingezahlt. Mit dem anderen Schein hatte ich am Münchner Hauptbahnhof Zeitungen und Zeitschriften gekauft, bevor ich in den Zug einstieg. Auch hatte ich mich für die Reise mit einer Portion Leberkäs versorgt.

»Zum Hieressen?«

»Nein, zum Mitnehmen!«

»Mit süßem oder scharfem Senf?«

»Mit süßem!«

»Brot oder Brötchen?«

»Bitte ein aufgeschnittenes Brötchen!«

Am Wurststand, den ich wegen seines Leberkäs liebte, wie den am Stuttgarter Hauptbahnhof wegen seiner Roten Würste, hatte man mir den Reiseproviant so verpackt, dass das Fett nicht heraustriefte, bevor ich den Fleischkäs im Zug, das Tablett vor mir aufgeklappt, mit einem Mineralwasser oder Pils, mit dem weißen, beigefügten Plastikbesteck zu mir nehmen konnte.

Lesereisende sind wie Nomaden, die manchmal mit Proviant über die Streckenwüste der Bahn ziehen. Teils, weil sie Würstchenstände oder Gosch-Geschäfte am Bahnhof dem Imbissangebot im Zug vorziehen. Teils, weil man immer wieder damit rechnen muss, dass der Speisewagen im Zug ausfällt. Entweder weil die Heizung der Bordküche nicht funktioniert, sodass die Bahn nur Kaltgetränke servieren kann. Oder weil der Zug kein Bistro und keinen Speisewagen mit sich führt und die durstigen und hungrigen Langstreckenfahrer nur aus einem kleinen Vehikel versorgt werden, das jemand durch den Zug schiebt, um labbrigen Kaffee, Schokoriegel und Apfelsaft, Rotkäppchen-Sekt und Mineralwasser anzubieten. Im Laufe meiner vielen Reisen hatte ich an diversen Bahnhöfen Lieblings-Imbissmöglichkeiten zur Selbstversorgung entdeckt und gepflegt. Fisch-Gosch etwa in Hamburg oder Berlin, wegen seiner mit

Zwiebel belegten Lachsbrötchen oder den Matjes-Semmeln zur Matjeszeit im Sommer. In Frankfurt am Hauptbahnhof wegen des Zwiebelmetts, das man sich reichlich zwischen zwei Brötchenhälften auftragen lassen konnte. Dazu all die Stände mit den frischgepressten Obst- und Gemüsesäften – etwa Karotten und Äpfel mit Ingwer und einem Tropfen Öl –, die einem das Gefühl geben, sich trotz der fetttriefenden Bockwürste, Leberkäse-Sorten und Currywurst in Pappschalen gesund, weil vitaminreich, zu ernähren. In Köln muss man auf der Domseite aus dem Bahnhof heraustreten, um dort in viel Fett gebratene Reibekuchen zu erwerben. Eine rheinische Abwechslung! Doch zurück nach München, wo ich die Fahrt zum Niederrhein antrat. Ich hatte mich also mit Zeitungen, Würsten, Mineralwasser, einer kleinen Flasche Jägermeister versorgt (das fette Brät der Würste erforderte diesen Tribut, seit in den Zügen der Deutschen Bahn etwa seit Mitte der achtziger Jahre keine kleinen Spirituosenfläschchen mehr angeboten werden). Und ich fuhr zufrieden und gesättigt, mit Zeitungen versorgt Richtung Norden. Ab und zu rüttelte und schüttelte mich der Zug in ein wohliges Nickerchen, aus dem ich gestärkt und mit schalem Mund aufwachte. Aber auch dafür hatte ich Vorsorge getroffen. Nie fuhr ich, ohne ein Mundwasser in meiner Tasche zu haben. Mit Mineralwasser und dem »One Drop Only«-Fläschchen konnte ich mich in jeder Zugtoilette erfrischen. Man lernt auf Reisen, worauf es wirklich ankommt.

Kurz vor dem Umsteigen – war es in Mainz oder auf dem Frankfurter Flughafen? – packte ich meine Sachen zusammen, das Buch und die noch nicht ausgelesenen Zeitungen in das Handgepäck, und vollführte an mir die üblichen Kontrollgriffe der eigenhändigen Leibesvisitation. Ich schlug mit den Händen, nachdem ich das Jackett wieder angezogen hatte, auf die entsprechenden Taschen – das Bekreuzigen des Vielreisenden.

Rechte Hand zur Stirn: Brille? Rechte zur Hose: Hosenschlitzkontrolle. Rechte zur linken Brust: Brieftasche? Rechte zur rechten Brust: Handy?

Ja, das Handy war in der Außentasche des Jacketts zu spüren. Ich zog es heraus. Es war tatsächlich das Handy.

Die Fahrkarte, diesmal nicht im Zug, sondern beim Bahnschalter in München gelöst und mit Kreditkarte bezahlt, war in der Brusttasche.

In der anderen Brusttasche hätte das Portemonnaie stecken müssen. Mit über vierhundert Euro in Scheinen gefüllt. Und mit allen Kreditkarten in den dafür bestimmten Fächern.

Aber da war es nicht. Macht nichts, dachte meine Checkup-Routine, dann steckt es in der Gesäßtasche der Jeans. Doch da war es auch nicht. In der Außentasche des Jacketts? Fehlanzeige. Vielleicht doch im Handkoffer? Langsam spürte ich, wie die Nervosität in mir zu kribbeln begann, mir die Kiefer verkrampfte und diese Verkrampfung Schweißausbrüche hervorrief. Mein Körper suchte nach Abkühlung und war in Wahrheit fehlgeschaltet wie eine gestörte Klimaanlage. Statt mich abzukühlen, trieb mir der Schweiß die Hitze ins Gesicht.

Das Geld, das Portemonnaie, die Kreditkarten, sie waren nirgends. Ich wiederholte sinnlos alle Tast- und Suchbewegungen. Zur Brusttasche, zur Innentasche, zur Hosentasche. Ich durchwühlte den Handkoffer. Mein Kopf versuchte meine Bewegungsläufe im Zug nachzuvollziehen. War ich im Speisewagen gewesen? Konnte ich den Geldbeutel beim Bezahlen des grünen Tees verloren haben? Ich kroch, so gut das meine durch die Fahrt steif und ungelenk gewordenen Glieder erlaubten, unter den Sitz. Ich rannte zum Schaffner, fragte, ob vielleicht irgend jemand ein Portemonnaie gefunden und abgegeben hätte. Die Zeit wurde knapp, aber ich musste umsteigen, um den Lesetermin am Niederrhein erreichen zu können. Ich würde das

Geld und die Kreditkarten im Zug zurücklassen müssen, sollten sie sich noch hier befinden und nicht bereits von einem skrupelloser Räuber und Strauchdieb eingesackt worden sein, der längst an der letzten oder gar vorletzten Station in Fahrtrichtung links überstürzt und heimlich ausgestiegen war. Dem Netz der Bahn entronnen.

Ruhig Blut! Ruhig Blut!, dachte ich, während ich mit meinem Gepäck umstieg und in den am gegenüberliegenden Bahnsteig schon wartenden Zug stolperte. Die Lautsprecher-Ansagen hörten sich für mich wie Hohn an – »Der Speisewagen und die Wagen der ersten Klasse befinden sich an der Spitze des Zuges in Abschnitt A und B«.

Was interessiert mich der Speisewagen? Ich habe mein Geld und meine Kreditkarten verloren, hämmerte es durch meinen Kopf. Und gleichzeitig: Ruhig Blut, ruhig Blut. Es ist ja im Grunde nichts passiert. Und du kommst an einem Ort und in einer Buchhandlung an, wo man dich erwartet, und nicht in der Wüste Gobi oder in Murmansk in Sibirien.

Es ist eigentlich nichts passiert, dachte ich, nachdem ich mich in meinen Sitz im neuen Zug fallen gelassen, das Pfeifen der sich schließenden Türen gehört hatte und der Zug sich langsam in Bewegung setzte. Gut, du hast über vierhundert Euro verloren. Aber ein abgeklemmtes Bein wäre schlimmer. Du hast dein Handy noch. Sobald du Anschluss darauf haben wirst, kannst du alles regeln. Und mit diesen sich wiederholenden Beruhigungsformeln versuchte ich meinen Atem und meinen Kreislauf herunterzufahren.

Als ich meine Sekretärin beim Berliner *Tagesspiegel* erreicht hatte, kehrte die Ruhe zu mir zurück. Frau B. war eine mich warmherzig bemutternde Frau, was absurd war, da sie wegen ihres Alters fast meine Tochter hätte sein können. Sie war als Ostberlinerin aufgewachsen, und dass ich sie kennengelernt hatte und sie vor allem mich, nachdem ich auf einer der ersten Reisen mein Handy verloren hatte, weckte all die organisatorischen und menschlichen Instinkte in ihr, zu denen eine Zwangswirtschaft führt, die eher über menschliche Beziehungen als über das Geldhaben und Nichthaben funktioniert.

»Na, was ist denn, Scheffe?,« fragte sie mich. Und als ich ihr erklärte, was mir widerfahren sei, sagte sie: »Na, Jott sei Dank is es diesmal nich det Handy. Allet andre lässt sich regeln, Scheffe«, beruhigte sie mich. Und ich bat sie, sämtliche meiner Kreditkarten sofort sperren zu lassen.

»Mach ich doch, Scheffe. Machen Sie sich man keene Gedanken!« Und dann sank ich ermattet und beruhigt in meinen Sitz zurück, rief meine Frau in Hamburg an und erzählte ihr von meinem Missgeschick. Mitleid klang aus ihrer Stimme, als sie etwas wie »Das sieht dir wieder ähnlich!« oder »Was du wieder anstellst!« sagte. Und mich dann auch mit dem Satz tröstete: »Es soll dir nichts Schlimmeres passieren.« Und ich verabschiedete mich mit dem matten Kalauer: »Ja, lieber arm dran als Arm ab!«

Nur eine Stunde später rief mich meine Frau an und begann das Gespräch mit dem Satz: »Du, stell dir vor!« Dann erzählte sie mir, ein Mann habe bei ihr angerufen, er habe meine Visitenkarte oder Telefonnummer im Portemonnaie gefunden. Und er würde das Geld, die Karten mitsamt dem Portemonnaie morgen von seinem Büro aus nach Hamburg an meine Adresse schicken, die solle sie ihm doch bestätigen. Und der Herr sei sehr freundlich gewesen, er sei ein Computerhersteller aus der Nähe von Heidelberg. Und, wiederholte sie, er habe sehr nett geklungen am Telefon.

Ich muss dazu sagen, dass ich, seit es Kreditkarten gibt, nie so viel Geld bei mir führe, wie ich es an diesem Tag bei mir gehabt hatte. Und die Freude hat für mich letztendlich mehr bedeutet, als mich der Verlust von vierhundert Euro geschmerzt hatte. Ich glaubte an das Gute im Menschen und dass es das Schicksal gut mit mir meinte, indem es meinen Geldbeutel von einem freundlichen, gutsituierten Mitmenschen finden ließ und nicht von einem armen Schlucker. Den hätte ich wegen vierhundert Euro in Gewissenskonflikte gestürzt. Er hätte sich mit schlechtem Gewissen geärgert, hätte er mir das Geld unterschlagen, und mit gutem Gewissen darüber, so dumm gewesen zu sein (»Der Ehrliche ist der Dumme«, wie Ulrich Wickerts Erfolgsbuch von damals konstatierte), mir das Geld zurückzuschicken, für das er einen viel dringenderen Bedarf gehabt hätte als ich.

Wie dem auch sei, ich habe mich bei dem Finder artig mit einer Kiste Rotwein bedankt, wobei ich nicht weiß, ob Rotwein nach Heidelberg zu schicken nicht Eulen nach Athen tragen bedeutet. Aber oberhalb der Bedarfsebene sind solche Gedanken nutzlos und billig. Wo es an nichts wirklich mangelt, gilt auch der schöne Überfluss als eine edle Geste.

Andererseits erinnert mich diese Geschichte im Rückblick auf mein Zürcher Geldkartenerlebnis an eine Erkenntnis von Billy Wilder, die er mir, während wir zusammen an seiner Biographie gearbeitet haben, wiederholt hat zukommen lassen: »Keine gute Tat bleibt ungestraft.«

Das ist leider auch richtig. Denn als ich am Beginn der folgenden Woche, nach Hamburg zurückgekehrt, nicht nur die alten Kreditkarten wieder in den Händen hielt, sondern auch die neu bestellten mit der Post zugeschickt bekam, da habe ich in der Freude, ein Glückspilz zu sein, kopflos gehandelt. Ich habe, im übereilten Taumel der Freude, die gültigen und ungültigen Karten vertauscht. Ich habe diejenigen zerschnitten, die neu und gültig waren. Und die anderen behalten und auf meine Reise nach Zürich mitgenommen. Man könnte es eine »Hans im Glück«-Dummheit nennen. Oder mit Shakespeare sagen: »Ich bin der Knopf nicht an Fortunas Mütze.«

Damals habe ich aus meinem Roman *Betrug* gelesen. Es ist die Geschichte eines Eheausbrechers, der sich in eine viel jüngere Frau verliebt, die zweite Frau eines guten Freundes, mit dem er und seine Frau ein »gemischtes Doppel« spielen, weshalb der Roman erst so heißen sollte. Ich hatte in meinem Tennisclub in den späten sechziger Jahren eine ähnliche Geschichte beobachtet, die beiden »Ehebrecher« mussten den Club verlassen. Dass ich den Roman *Betrug* nannte, hatte damit zu tun, dass mein trauriger Held, der eher ein sympathischer Feigling ist, für mich eine Art exemplarischer Jedermann sein sollte, der als Schmarotzer günstiger Verhältnisse beides behalten will, sowohl das komfortabel gemachte Nest seiner Ehe als auch das abenteuerliche Fremdgehen mit all den Risiken und Gefahren. Es ist eine Fabel, und ich habe ihr daher auch als Motto die La-Fontaine-Fabel vom Gierschlund Wolf vorangestellt. In der schwimmt ein Wolf mit einem Riesenstück Fleisch im Maul über einen See oder einen Fluss. Als die Sonne ihm vorgaukelt, im Wasser begegne ihm ein ebenso prächtiges Fleischstück, will er auch das Spiegelbild noch schnappen und verliert dadurch beide. Das Fleisch im Maul wie dessen Bild im Wasser. Eigentlich eine zeitlose Geschichte, bei der sich nur die gesellschaftlichen und technischen Bedingungen verändern.

So habe ich in der Geschichte das heimliche Paar, das sich immer nur für gestohlene und verstohlene Stunden treffen kann, einmal auf ein Wochenende nach Amsterdam fliehen lassen. Die Freundin und Frau seines Freundes, viel entschlossener zum endgültigen Bruch ihrer Ehe – deren Ehe ist, im Unterschied zu seiner, kinderlos –, möchte nicht nur hastige, heimliche Stunden im Verborgenen erleben. Also organisieren die beiden eine Reise nach Amsterdam. Beide kommen auf getrenntem Weg hin und wollen dort zwei Tage als Paar verbringen, das sich auch bei Tageslicht, Museumsbesuch, Essen im

Restaurant, Tanzen im Nachtlokal zeigen kann. Das scheitert an seiner Feigheit, die zum Verfolgungswahn ausartet. Überall wittert er Bekannte und Freunde aus Hamburg, die sie ertappen könnten. Ich muss gestehen, dass ich meinen traurig-komischen Seitenspringer mit meiner TV-Bekanntheit durch das *Literarische Quartett* ausgestattet hatte.

Ich hätte mir damals eine Reise mit engumschlungenen Spaziergängen in einer fremden Stadt mit einer fremden Partnerin kaum leisten können, ohne aufzufliegen. Ich weiß noch, wie ich während meiner Berliner Zeit, als ich Herausgeber beim *Tagesspiegel* war, einmal die Woche mit meiner neunzehnjährigen Tochter im Borchardt oder im Bocca di Bacco zu Mittag aß, während der Zeit, als sie in Berlin Jura studierte. Wie mich Freunde am Tisch mit dem bildhübschen, unverschämt jungen Mädchen begrüßten und ihr angespannter Blick sich in einem erleichterten Lächeln auflöste, wenn ich beim Vorstellen sagte: »Meine Tochter Laura!«

Mir fällt bei dieser Gelegenheit ein, dass Ephraim Kishon, damals ungeheuer populär als Humorist und von Friedrich Torberg mehr als kongenial ins Deutsche übersetzt, das Kunststück fertigbrachte, wenn er sich auf seinen Lesereisen von einer hübschen, sehr viel jüngeren Frau begleiten ließ, diese junge Frau als seine Nichte oder Tochter auszugeben – ohne dass jemand misstrauisch geworden wäre.

Eine Stelle aus dem *Betrug*, die ich damals besonders gern und mit einigermaßen komischer Wirkung vorlas, war eben jene Reise nach Amsterdam, die der Mann wie von Furien gejagt durchlebt und dadurch prompt seine junge Geliebte, weil er sie verleugnet, in die Arme eines anderen treibt, von dem er beim Tête-à-Tête überrascht wird.

Wie gesagt, im Prinzip eine zeitlose Szene, die sich zu jeder Zeit abspielen kann – ob im Flugzeug oder in der Postkutsche, ob im kakanischen oder nestroyschen Wien oder im touristisch libertinären Amsterdam, spielt keine Rolle, sondern liefert nur das Kolorit, den tragischen oder komischen Hintergrund, je nachdem, den Stand der Moral und die daraus resultierende Gesetzgebung (die der Moral, wenn sie sich aufweicht, nur lahmend und hinkend folgt), liefert nur den Schatten, in dem die Beziehung stattfindet. Nabokovs *Lolita*, um ein herausragendes Beispiel zu nennen, wäre im 18. Jahrhundert kein Thema gewesen, jung hatte eine Angebetete damals sein dürfen, im *Faust* heißt es von Gretchen, dass sie doch wohl schon vierzehn sei und also verführt werden dürfe.

Aber ein Faktor in *Betrug* ist für mich im Nachhinein alarmierend auffällig. Die beiden heimlich sich in Amsterdam Treffenden haben offenbar kein Handy, weder zur Planung noch zum Vollzug ihres Seitensprungs. Er mietet zur Sicherheit ein Hotelzimmer in Düsseldorf, wo er angeblich an einer Tagung teilnimmt. Er muss den Portier bestechen, der Anrufe für ihn entgegennimmt, muss sich dessen Komplizenschaft aussetzen und versichern. Sie weiht eine Freundin ein, die in Köln wohnt und im Notfall Telefondienste für sie ausführt, ihr ein Alibi liefert. Ich hatte das Handy aus dem Roman rausgehalten, jedenfalls in dieser Phase – so als existiere es noch gar nicht. Dabei hatte ich drei Jahre zuvor ein Buch über die neuen Möglichkeiten, Weiterungen, Einengungen durch die Erfindung des Handys geschrieben, *Hand in Handy*, in dem es als Instrument des Betrugs längst etabliert war. Sollte das Handy damals als privates Instrument noch so wenig verbreitet gewesen sein? Gewiss, in meinem Buch über das Handy spielt das Simsen, das inzwischen längst ein eigenes deutsches Verb im Duden zugebilligt und zugewiesen bekommen hat, noch keine Rolle.

Ich schaue mich, während ich das schreibe, in meiner Umwelt um, in jedem Café sitzen Mütter, die sich mehr mit ihrem

Handy beschäftigen als mit ihrer Freundin oder ihrem Kind. Straßengänger sprechen, mit Knopf im Ohr, allein vor sich hin, Zugreisende oder S-Bahn-Fahrende beugen sich aus dem sie umgebenden Leben über ihr iPhone oder iPad, igeln sich sozusagen in der Menge mit ihrem Handy oder Computer ein. Und davon war bei einem *Betrug* um das Jahr 2001 noch nicht die Rede?

Es ist seltsam, wie energisch und total das Handy unser Leben umgekrempelt hat. Meine heimlich Liebenden müssen den Concierge des Hotels bemühen. Ich hatte mich damals noch durch das Hotel wecken lassen. Das alles macht inzwischen mein Handy für mich.

Wer wie ich seit vierzig Jahren auf Lesereise ist, kann sich an Hotels erinnern, die noch kein Badezimmer oder keine Dusche für jedes Zimmer hatten. Zwar waren die Zeiten vorbei, die Freud in seiner Witztheorie (1900) beschreibt, in der sich Handlungsreisende ein Zimmer bestellen und sich der folgende Dialog zwischen Gast und Portier oder Rezeption abspielt:

»Ich möcht a Zimmer für eine Nacht«, sagt der Kunde.

»Mit fließendem Wasser?«, fragt der Concierge.

»Bin ich a Forelle?«, erwidert der Gast.

Oder – am Morgen beim Frühstück fragt ein Handelsreisender den anderen:

»Hast du genommen ein Bad?«

Und der antwortet: »Wieso? Fehlt eines?«

Aber das sind alles graduelle Unterschiede, auch wenn ich mich noch mit einer gewissen Verwunderung an die Zeit erinnere – die mir weit weg erscheint wie einem heutigen Grafen die Kreuzzüge –, wo es pro Flur im Hotel nur eine Toilette gab. Wo man sich also nachts umständlich anziehen musste (Bade-

mäntel waren längst kein Standard), um über den schwach er-
leuchteten Flur zu tapern, und man sich mit einem gewissen
Ekel ausmalte, wie andere Gäste den Weg gescheut und ins
Waschbecken uriniert hätten. Auch aus eigener schamvoller Erinnerung?

Das alles aber ist nicht so einschneidend wie die Selbstverständlichkeit des Handys. Hatte ich in Zürich, als ich plötzlich
ohne Kreditkarten dastand, nicht doch schon ein Handy dabei?
Und wie hätte es mir an einem Wochenende helfen können?
Ohne einen guten Freund in Zürich zu haben? Oder meinen
großen Sohn, Daniel, der ein paar Jahre zuvor als Regisseur in
Zürich gewohnt hatte? Und wie lange war es schon eine Selbstverständlichkeit, mit Kreditkarten zu hantieren, die an Banko-
maten zu jeder Stunde, ob werktags oder feiertags, ob morgens
um sechs Uhr oder nachts um zwei Uhr gegen eine Geheimzahl
bereit waren, Bargeld europaweit auszuspucken?

Bargeld oder Kreditkarte. Das war die zweite einschneidende
Umwälzung, die ich bei Lesereisen erfuhr.

Wilhelm Busch

Am 12. Januar 2008 habe ich in der Stadthalle in Oldenburg zum ersten Mal meinen Vortrag »Wilhelm Busch und die Folgen« gelesen, rezitiert und vorgespielt. Buschs Todesjahr, 1908, jährte sich zum hundertsten Mal. Leider stand diese Lese-Premiere wegen eines privaten Ungeschicks unter keinem guten Stern. Wie immer hatte ich das Jahr mit guten Vorsätzen begonnen, vor allem wollte ich das Schwimmen im Freien so gut wie möglich und so häufig wie nur denkbar weiterführen, also fuhr ich nach der Lesung, die gut besucht und erfolgreich verlaufen war, gleich am nächsten Tag in aller Herrgottsfrühe (sprich: mit dem ersten möglichen Zug) zurück nach Hamburg, um noch vor 12 Uhr das Winterschwimmen in meinem Club zu erreichen.

Das klappte, ich schlug mich eine halbe Stunde tapfer durch das Wasser, abwechselnd in Bauch- und Rückenlage, und das zusammen mit meiner Frau, und ging dann wohlgemut, allerdings ohne Badelatschen, zurück in den Sauna- und Umkleidebereich, wohl zu schnell und vom Schwimmerfolg beflügelt, sodass es mir auf glattem, glitschigem Plattenboden die Füße nach vorne wegzog und ich mit einem seltsam tönenden Geräusch aus meinem Brustkorb mit dem Rücken aufschlug. Der erste Mensch, der mich sah, war ein Arzt, der mir dringend riet, liegen zu bleiben, meine Frau in der Damen-Umkleide verständigte und mit seinem Handy einen Notarztwagen bestellte. Um es kurz zu machen: Nachdem ich auf die Beine gekommen war, glaubte ich, dass mir eigentlich nichts passiert wäre. Ich fuhr also mit meiner Frau nach Hause – der Schock verhinderte zunächst den Schmerz, der erst dort mit voller Wucht einsetzte. Wir bestellten also den schon abbestellten Krankenwagen, und ich wurde nun doch nach Eppendorf ins UKE gebracht, wo man feststellte, dass ich mir sieben Rippen auf der linken Seite auf einmal gebrochen hatte, fast also das Maximum, worauf ein Schmerz mich fast schreien ließ, bis ich sediert wurde. Die folgenden vorgesehenen Lesungen musste ich also absagen und auf später verschieben. Ich habe dann erst am 16. Februar in Denzlingen aus Busch gelesen und am 1. 3. wiederum in Oldenburg, diesmal aber im kleinen Oldenburg in Holstein in einer großen Halle.

Was das alles mit Wilhelm Busch zu tun hat? Eigentlich nichts, außer dass in dessen Werk unendlich viele Stürze und Unfälle vorkommen, die teils mit der Bosheit der Welt, teils mit der Tücke des Objekts, teils mit dem Alkohol und mit Schopenhauers pessimistischem Prinzip der *Welt als Wille und Vorstellung* zu tun haben. Bei mir war es Leichtsinn und das wohlige Gefühl, meinem Körper etwas Gutes getan und somit etwas Nützliches geleistet zu haben. Meine Lieblingsmaxime aus dem Werk Wilhelm Buschs – sie steht in der *Frommen Helene* (1872) und heißt: »Das Gute – dieser Satz steht fest – ist stets das Böse, was man läßt« – ist auf meinen Fall nicht so recht anwendbar, wenn auch zweifellos immer gültig und immer richtig. Denn ich hätte das Böse nur vermeiden können, wenn ich meinen guten Vorsatz, der Gesundheit zuliebe schwimmen zu wollen, nicht ausgeführt hätte. Das einzige geflügelte Wort, das mit dem Baden zu tun hat, passt nicht so recht, es stammt aus Buschs *Bad am Samstagabend* (1869) und hat eine gute alte Fabelwendung: »Und die Moral von der Geschicht: Bad zwei in einer Wanne nicht!«

Ich folgerte daraus, dass man nicht immer aus dem Lesen etwas fürs Leben lernen kann. Und wenn ich Wilhelm Busch richtig verstehe, ist das auch gut so, denn die Moralanweisungen, die seine Bildergeschichten verkünden, und das ist das Verrückte an ihnen, sind oft so scheinheilig und spießig, dass sie nur der Selbstgerechtigkeit und Selbstbestätigung derjenigen dienen, die sie verkünden. Man denke an das Ende von *Max und Moritz*, als die beiden frechen Lümmel-Helden des berühmtesten Kinderbuchs in deutscher Sprache vom Federvieh, gemahlen und »geschroten«, aufgefressen werden, sodass sich, nach dem siebten Streich, der Kreislauf der Hühnerdiebe und Hühnerfresser sozusagen schopenhauerisch-buddhistisch schließt:

Als man dies im Dorf erfuhr,
War von Trauer keine Spur.
Witwe Bolte, mild und weich,
Sprach: »Sieh da, ich dacht' es gleich!«
»Jajaja!« rief Meister Böck,
»Bosheit ist kein Lebenszweck!«
Drauf so sprach Herr Lehrer Lämpel:
»Dies ist wieder ein Exempel!«
»Freilich«, meint' der Zuckerbäcker,
»Warum ist der Mensch so lecker!«
Selbst der gute Onkel Fritze
Sprach: »Das kommt von dumme Witze!«
Doch der brave Bauersmann
Dachte: Wat geiht meck dat an!
Kurz, im ganzen Ort herum
Ging ein freudiges Gebrumm:
»Gott sei Dank! Nun ist's vorbei
Mit der Übeltäterei!«

Der »brave Bauersmann« ist derjenige, der voll kalter Schaden-
freude ihren Tod herbeiführt, das Zermahlen der beiden sadis-
tisch begleitet und achselzuckend sagt: »Was geht mich das
an!« Man fühlt sich beim Ende von Max und Moritz an das
Schluss-Sextett des *Don Giovanni* erinnert: »Also stirbt, wer
Böses tat« – Questo è il fin di chi fa mal! Und noch stärker an
Flauberts *Wörterbuch der Gemeinplätze*, das etwa zur gleichen
Zeit verfasst worden ist und dessen tödliche Banalität Wilhelm
Busch noch durch die komische Falschheit der Reime verstärkt.
Auf meinen Fall bezogen würde ich diesen »Gemeinplatz«
bemühen: Nachher ist man schlauer. Obwohl das nicht einmal stimmt und sich nicht einmal reimt. Gebrochene Rippen
schmerzen stark, heilen dafür von alleine. Deshalb zitiere ich
hier doch den Flaubert-Gemeinplatz über Schmerz: »Hat immer auch sein Gutes« – »Was dich nicht umbringt, macht dich
stärker.«

Als ich mich auf das Thema Wilhelm Busch vorbereitete,
griff ich zuerst zum »Büchmann«, zu dessen *Geflügelten Worten*, den Gemeinplätzen des Bildungsbürgertums, dessen erste
Ausgabe übrigens etwa zeitgleich mit *Max und Moritz* erschienen ist. Ebenso wie Brehms *Tierleben*, ein Werk, das in seinem
enzyklopädischen Sammeleifer, in seinen wunderbaren kolorier-
ten Lithographien dem gusseisernen, bildungsbeflissenen Zeitgeist des sich anbahnenden Deutschen Kaiserreichs von 1870
entspricht. Darwins *Entstehung der Arten* ist wenige Jahre zuvor
erschienen. Und Schopenhauers Werk mit seiner immensen
Wirkung begann seit 1850 zu wirken, auf Busch wie auf Nietzsche und Richard Wagner, dessen *Tristan und Isolde* ebenfalls
1865 uraufgeführt wurde.

Beginnen wir mit dem Büchmann. Ich hatte damit gerech-
net, dass meine Ausgabe (sie behandelt den klassischen Zitaten-
schatz in der 33. Auflage von 1981) Busch neben der Bibel und

deren Luther-Übersetzung und neben die klassischen Goethe und Schiller an der Spitze der Einträge führen würde. Weit gefehlt. Busch, W. füllt im Register eine Zeile, nur zwei Seitenzahlen werden aufgeführt. Dreizehn Zeilen beansprucht Schiller, Verweise auf mehr als fünfzig Seiten. Goethe hat sechzehn Zeilen, verwiesen wird auf weit mehr als neunzig Seiten. Ist der beliebte Autor des Volksbuchs inzwischen aus der Gunst gefallen? Wurde er früher häufiger zitiert? Ich weiß von meinen Eltern, dass es sozusagen neben den Gemeinplätzen auch sogenannte »Private Jokes« gab. Die Gemeinplätze lauteten etwa: »Es ist ein Brauch von alters her: Wer Sorgen hat, hat auch Likör.« Oder: »Rotwein ist für alte Knaben / Eine von den besten Gaben.« Oder der Seufzer: »Vater werden ist nicht schwer, / Vater sein dagegen sehr« (aus *Tobias Knopp*), der doch auf eine stärkere Teilhabe des Vaters an der häuslichen Heim- und Herdarbeit schließen lässt, als die heutigen Zeitläufte früheren Generationen zubilligen wollen.

Der »Private Joke« stammt aus *Hans Huckebein – Der Unglücksrabe*. Weil die einzige Schwester meines Vaters und seiner beiden Brüder, meiner Onkel, Tante Lotte war, provozierte sie den Vers: »Jetzt hab ich dich, Hans Huckebein, / Wie wird sich Tante Lotte freun!« So vertraut war damals Busch, dass man ihn ständig im Kopf und damit zur Hand hatte. Wilhelm Buschs *Hausbuch* fand sich in jedem bürgerlichen Haushalt, ein Brevier für alle Lebenslagen. Auch noch nach dem Zweiten Weltkrieg? Als Rolf Hochhuth, damals Lektor bei Bertelsmann und noch nicht weltberühmter Verfasser des Papst-Dramas *Der Stellvertreter* (1959), die zweibändige Ausgabe der Werke Buschs herausgab, stellte er einen Essay von Theodor Heuss voran, dem ersten Bundespräsidenten der damals erst zehnjährigen Republik. Busch war also staatstragend. Das bessere Deutschland.

Die ungebrochene Popularität Buschs beruht darauf, dass

seine geflügelten Worte bei denen, für die sie gemeint waren, auf behagliche Zustimmung stoßen, bei allen anderen auf das erwartete satirische Vergnügen am Spießigen. Die gleiche Behaglichkeit herrscht ja auch zum Beispiel beim Kartenspiel, wenn beim Skat jemand den »Skat« aufnimmt, reinguckt und sagt:»Hätte ein anderer auch gefunden.«

Der Struwwelpeter

Zwanzig Jahre vor dem Struwwelpeter, Weihnachten 1844, stöberte sich der junge Frankfurter Arzt Heinrich Hoffmann durch eine Buchhandlung, um seinem dreijährigen Sohn Carl ein Bilderbuch als Christkindgeschenk zu kaufen. Er fand unter allen, die ihm vorgelegt wurden, keines, das ihm gefiel, vor allem was die leichte Fasslichkeit des Bilderbuchs für seinen kleinen Sohn betraf. So kaufte er ein leeres Schreibheft, brachte es seiner Frau nach Hause und sagte:»Hier habe ich, was wir brauchen!« Auf ihren verwunderten Ausruf»Das ist ja ein leeres Schreibheft!« antwortete der Doktor:»Jawohl, aber da will ich dem Jungen schon selbst ein Bilderbuch herstellen.«

Hoffmann zeichnete und reimte also den *Struwwelpeter*, mit dem Untertitel: *oder Lustige Geschichten und drollige Bilder.* Neun Bildergeschichten von unartigen Kindern, die durch ihre Ungezogenheit großen Schaden erleiden. Heinrich Hoffmanns *Struwwelpeter* wurde das weltweit erfolgreichste deutsche Kinderbuch, übersetzt in alle Sprachen, parodiert, verändert, zum 68er *Anti-Struwwelpeter* ummodelliert. Wie *Max und Moritz* war es als Buch einer»schwarzen«, also gruseligen Pädagogik verschrien, die Kindern eher Angstträume bescheren würde, als sie zu läutern.

Hoffmann wusste, worüber er schrieb und wovor er warnte. Er wurde später, 1851, Direktor der städtischen Nervenheilanstalt in Frankfurt und richtete dort die erste Klinik Deutschlands ein, die über eine Kinder- und Jugendpsychiatrie verfügte. Dass er einer der Förderer und Lehrer des jungen Arztes Alzheimer wurde, tut hier wohl nichts zur Sache, obwohl die nach Alzheimer benannte Krankheit zum größten Problem der Alterspsychiatrie in einer mehr und mehr überalternden Gesellschaft geworden ist.

Hoffmanns Interesse aber galt den gestörten, ungezogenen Kindern. Die neun lustigen Geschichten handeln von ihnen: Der Struwwelpeter ist ein ungewaschenes, verwahrlostes Kind, das sich weder säubern noch kämmen noch die Nägel schneiden lässt und dafür der öffentlichen Schande preisgegeben wird. Er kommt an den Pranger, wird dem öffentlichen Hohn und Spott ausgesetzt.

Der böse Friederich ist ein Tierquäler und Schläger, ein kleiner Sadist, bestraft wird er dadurch, dass ein Hund, den er beim Trinken quält, ihn so tief ins Bein beißt, dass der Übeltäter das Bett hüten muss und vom Doktor bittere Arznei bekommt.

Paulinchen ist eine kleine Pyromanin, die gerne mit dem Feuer spielt und dabei mit Haut und Haar verbrennt.

Hier wenigstens trennt sich Hoffmann von der Etikettierung »lustige Geschichte«; er nennt sie »die gar traurige Geschichte mit dem Feuerzeug«.

Moralisch aufklärerisch wirken die Geschichten vom »schwarzen Mohren«, den die bösen weißen Buben verspotten und verhöhnen, bis der Nikolas sie erst verwarnt und dann in sein großes Tintenfass tunkt, zur Strafe:

Du siehst es hier, wie schwarz sie sind,
Viel schwärzer als das Mohrenkind.

160

Wer, wie unsere Familienministerin Schröder, kein Gespür für die historischen Dimensionen von Rassismus hat, wird weder an der Bezeichnung »Mohr« noch an der schwarzen Farbe als Strafe seine Freude finden. Aber Menschen ohne historisches Bewusstsein ist ohnehin schwer zu helfen.

Auch die Geschichte vom »wilden Jäger« ist eine moderne Geschichte, eine, die gegen die Jagd polemisiert. Hier ist es nicht das Kind, das unartig ist, sondern der jagdversessene Vater, dem das schlaue Häslein ein Schnippchen schlägt, an dem sich das Kind erfreuen kann.

Der *Daumenlutscher* ist eindeutig die brutalste aller Geschichten, bei der das Blut spritzt und die Kastrations- und Verstümmelungsängste hervorruft. Ich habe sie allen meinen Kindern gern vorgelesen, weil sie für mich die Geschichte ist, die das stärkste freudsche Bestrafungssystem der Psyche beschreibt.

Ich trage das Gedicht auch gern vor bei Lesungen über den Witz und seine Psychopathologie von Sünde und Strafe, von Über-Ich und der religiösen Drohung und davon, dass »der liebe Gott alles sieht« und die Strafe der Sünde auf dem Fuße folgt – wie bei der Vertreibung aus dem Paradies.

In der endgültigen Fassung des *Struwwelpeters* ist der Rahmen so ausgemalt, dass er freudianisch besetzt erscheint. In einem leeren Raum steht der Daumenlutscher im ersten Bild alleine der Mutter gegenüber. Er öffnet die leeren Hände, als zeige er seine Unschuld: Ich kann doch gar nichts Böses tun. Die sonnenähnlichen Gottgesichter oben nahe der Decke lächeln wie ein heutiges Smiley, das sich hinter Girlanden halb verbirgt. Die Mutter, zum Ausgehen bereit, mit Haube, weitem Rock und Überrock, dreht dem Betrachter den Rücken zu. Sie droht Sohn Konrad mit dem mahnenden Zeigefinger der Linken, was sie mit dem Regenschirm in der Rechten zu unterstreichen scheint.

Der Text zum ersten Bild:

»Konrad!« sprach die Frau Mama,
»Ich geh' aus und du bleibst da.
Sei hübsch ordentlich und fromm,
Bis nach Haus ich wieder komm'.
Und vor allem, Konrad, hör'!
Lutsche nicht am Daumen mehr;
Denn der Schneider mit der Scher'
Kommt sonst ganz geschwind daher,
Und die Daumen schneidet er
Ab, als ob Papier es wär'.

Der Zeilensprung zwischen »schneidet er« und »ab« ist eine Meisterleistung lyrischer Drohung und Abschreckung.

Im zweiten Bild ist Konrad allein. Er wendet sich genussvoll ab, geht vor Lust und Wonne in die Hocke. Die Sonne oben (das anwesende Über-Ich, die Gottheit) verzieht böse das Smiley-Gesicht. Dass es so etwas wie eine alles sehende Sonne ist, wird dadurch deutlich, dass Konrad in allen vier Bildern einen Schatten wirft. Es ist der kürzeste Vers zu einem Bild. Ein Zweizeiler, wieder mit einem Zeilensprung, der die komische Kraft eines Wilhelm-Busch-Zweizeilers hat, etwa den im »Onkel Fritze« Streich (»Jeder weiß, was so ein Mai- / Käfer für ein Vogel sei«). Hier bei Hoffmann heißt es mit lakonischer Wucht:

Fort geht nun die Mutter, und
Wupp! den Daumen in den Mund.

Ich glaube, kürzer und bündiger lässt sich männliches Verhalten von der Kindheit bis zur Bahre nicht beschreiben. Es ist das Entkommen vor der Aufsicht, der vermeintliche Schritt in die Freiheit, die es sofort zu nutzen gilt: Es ist wie der Hauff'sche Affe (*Der junge Engländer*), dem man den Kragen öffnet, und alles gerät außer Rand und Band.

162

Fort geht nun die Mutter, und
Wupp! den Daumen in den Mund.

Es ist das Verhältnis zwischen Gott (Vater) und seinen Kindern,
wie es im Alten Testament geschrieben steht und in jeder Sün-
denlehre wieder auftaucht: der sofort und blitzschnell strafende
Gott, wie im Beichtstuhl, wie in der Geschichte der ertappten
Libido.
Und so heißt es zum dritten Bild:

Bauz! da geht die Türe auf,
Und herein in schnellem Lauf
Springt der Schneider in die Stub'
Zu dem Daumen-Lutscher-Bub.
Weh! Jetzt geht es klipp und klapp
Mit der Scher' die Daumen ab,
Mit der großen scharfen Scher'!
Hei! da schreit der Konrad sehr.

In diesem Bild, in dem der Schneider wie eine behende Alb-
traumfigur ins Zimmer hüpft und tanzt, in Eile zu strafen, dass
ihm Rockschöße und Haare fliegen, es ihm den Hut vom Kopf
gerissen hat, ihm das Maßband förmlich aus der Tasche gezogen wird, in diesem Bild, das zeigt, wie blitzschnell die Strafe
der Tat auf dem Fuß folgt, gibt es keine drohende Sonnengott-
heit oben. Und im Unterschied zu *Max und Moritz*, wo beim
Schroten der bösen Buben kein Blut fließt, tropft es hier grausig
rot auf den gelben Boden, während Schneider und Konrad eine
Art Scherenschnitthampelmann-Pantomime aufführen.
Der Schluss ist endgültig, traurig:

Als die Mutter kommt nach Haus,
Sieht der Konrad traurig aus.
Ohne Daumen steht er dort,
Die sind alle beide fort.

Der Junge zieht in schmerzhafter Verzweiflung ein trauriges Gesicht, mit geschlossenen Augen. Und die Sonne ist wieder aufgetaucht, sie grinst mit sardonischer Genugtuung über das gelungene Strafgericht. Das Grinsen gleicht dem des Bauern in *Max und Moritz*, der der Verhäckselung der jungen Bösewichter beiwohnt.

Es folgt die *Geschichte vom Suppen-Kaspar*, der Bilderbogen einer rapiden Abmagerungskur. Das erste Beispiel eines Kindes, das von einem Tag auf den anderen der Magersucht verfällt. Und auch die Geschichte vom Zappel-Philipp beschreibt ein doch sehr modernes Syndrom: das ADS-Syndrom.

Verkehrserziehung ist auch schon bei Heinrich Hoffmann angesagt. Hans Guck-in-die-Luft heißt der Träumer, der über Hunde purzelt und ins Wasser fällt, wo er fast ertrunken wäre. In dieser Hinsicht war die Welt ohne Ampeln und rasenden Verkehr noch einfach. Ich liebe das letzte Bild wegen des perspektivisch sich jäh entfernenden Schulranzens. Das wäre das schreckliche Los des Hans gewesen, hätten ihn nicht wackere Main-Fischer aus dem Wasser gezogen und gerettet.

Und ich liebe die *Geschichte vom fliegenden Robert*, die ich meinem Roman *Betrug* als Titel des zweiten Teils gegeben habe. Die Sehnsucht nach der und die Angst vor der Verlorenheit, das Weggetragenwerden. Mit dem Hut am Horizont und der wundersamen Poesie dieses Weges von allem weg, das an Brechts Gedicht von den Kranichen erinnert. Oder doch nicht?

Schirm und Robert fliegen dort
Durch die Wolken immerfort.
Und der Hut fliegt weit voran,
Stößt zuletzt am Himmel an.
Wo der Wind sie hingetragen,
Ja! das weiß kein Mensch zu sagen.

Auf Reisen kann man schon auf solche Gedanken kommen.

Schadenfreude

Man sagt, dass es das Wort »Schadenfreude« nur im Deutschen gibt. Übersetzt man es ins Englische, kommt man auf »malignant delight«, wobei *malignant* »bösartig« heißt, auch im Sinn vom bösartigen im Unterschied zum gutartigen Tumor. Der gruselige Kalauer »Tumor ist, wenn man trotzdem lacht« hat hier seine galgenhumorige Entsprechung. Ich habe die »Schadenfreude« bei Wilhelm Busch kennengelernt, der seine Bildergeschichten-Kapitel stets mit signifikanten geflügelten Worten abschließt. Etwa *Max und Moritz*: »Dieses war der erste Streich, doch der zweite folgt sogleich.« *Plisch und Plum*, die Geschichte einer Erziehung, die eine Dressur ist, hat den pfeifeschmauchenden Bauern Schlich, der die Schadenfreude geradezu meisterhaft verkörpert:

>»Ist fatal!« – bemerkte Schlich –
>»Hehe! aber nicht für mich!«

Schadenfreude, so könnte man sagen, ist die Belohnung für denjenigen, der darauf verzichtet, seinen bösen Gelüsten, gemeinen Lastern, frechen Trieben nachzugeben. Deshalb verspricht Dr. Heinrich Hoffmann seinem lieben Sohn in der Widmung seines *Struwwelpeters*:

Wenn die Kinder artig sind,
Kommt zu ihnen das Christkind;
Wenn sie ihre Suppe essen
Und das Brot auch nicht vergessen,
Wenn sie, ohne Lärm zu machen,
Still sind bei den Siebensachen,
Beim Spaziergehn auf den Gassen
Von Mama sich führen lassen,
Bringt es ihnen Gut's genug
Und ein schönes Bilderbuch.

Ähnlich erklärt sich Wilhelm Busch einem Jungen gegenüber, der ihn nach dem Sinn der bösen Lausbubengeschichten gefragt hat:

Max und Moritz machten beide,
Als sie lebten, keinem Freude:
Bildlich siehst du jetzt die Possen,
Die in Wirklichkeit verdrossen,
Mit behaglichem Gekicher,
Weil du selbst vor ihnen sicher.
Aber das bedenke stets:
Wie man's treibt, mein Kind, so geht's.

Und am Schluss der *Frommen Helene*, die man getrost Flauberts *Madame Bovary* zur Seite stellen kann, wenn man an ihr böses Ende denkt – sie verbrennt in Einsamkeit und Suff, dem Alkohol verfallen, als dürres Klappergespenst, nachdem sie als fröhliches, lebenslustiges Mädchen mit üppigem Busen und lustigem Dutt angefangen hatte –, sagt Onkel Nolte:

Doch als er nun genug geklagt:
»Oh!« – sprach er – »Ich hab's gleich gesagt!
Das Gute – dieser Satz steht fest –
Ist stets das Böse, was man läßt!
Ei, ja! – Da bin ich wirklich froh!
Denn, Gott sei Dank! Ich bin nicht so!!«

Wirklich nicht? Der große Humorist des 19. Jahrhunderts hat 22 Bildergeschichten über den Rausch und seine grässlichen bis letalen Folgen geschrieben, gipfelnd in dem Schwerstalkoholiker-Bilderbogen *Die Haarbeutel*, den er 1878 veröffentlichte. Da hat der Urvater des Comics und der sich selbst bewegenden Bildergeschichte eine so grausige innere Kamera eingestellt, dass die Bilder zu tanzen, zu kreisen, sich als unheimliche Spirale zu drehen beginnen. »Haarbeutel« ist übrigens ein Spott-Synonym der Busch-Zeit für einen, der zu viel trinkt und daher hin und her schwankt wie ein Haarnetz am Kopf. Der gruseligste Bilderbogen heißt *Eine kalte Geschichte*, sie könnte dem gestrigen und heutigen Alltag Russlands entnommen sein. Da erfriert ein Betrunkener im vereisenden Fass vor seiner Haustür, und Frau Zwiel findet den zu Eis Erstarrten in der Tonne.

»Schau, schau!« ruft sie in Schmerz versunken,
»Mein guter Zwiel hat ausgetrunken!«

Und dann sagt sie zur Milchfrau Madam Pieter sehr sachlich:

»Von nun an, liebe Madam Pieter,
Bitt ich nur um ein viertel Liter!«

Es gibt eine ziemlich gruselige wahre Episode aus dem Leben des großen, eigentlich stets einsam lebenden junggeselligen

Busch, der selbst seine große Liebe als »Tantchen« bezeichnet und, wie seine »Bilderhelden«, nur Onkel und Tanten kannte und selbst nur Neffen hatte – ein grelles Detail aus seiner Kindheit, nachdem der Junge, der älteste in der Familie, der wegen Raumnot, wegen seiner vielen nachkommenden Geschwister zu einem Onkel, Pfarrer und Imker, weggegeben worden war. Da kommt der Junge eines Tages auf Besuch – aber die Mutter, die dem auf dem Felde arbeitenden Gesinde das Vesperbrot bringt, erkennt den eigenen Sohn nicht.

1881, Busch befand sich mit fünfzig Jahren in einer schweren gesundheitlichen Krise und dem daraus resultierenden Eremitendasein, zu dem er sich in sein Pfarrwitwenhaus verkrochen hatte. Er schrieb, dass sein Hang zur Einsamkeit, wie seine Glatze, immer größer werde. Seine jährliche Reise nach München stand an. Er wollte sich mit seinem Studienfreund und seinem Geschäftspartner Bassermann treffen, der ihn mahnte, seine Bilderbogen künftig stärker und freundlicher zu kolorieren. Seine Freunde fuhren ihn ins Kunstgewerbehaus, wo Hansen, ein dänischer Hypnotiseur, seine Vorstellung gab und Ludwig Ganghofer vergeblich zu hypnotisieren versucht hatte.

Busch kam schon betrunken im Kunstgewerbehaus an. Ein Fremder fragte ihn, ob er Wilhelm Busch sei. Busch antwortete: »Nein, ich bin mein Bruder. Wussten Sie das nicht? Wilhelm Busch ist schon lange tot. Ich male alles unter seinem Namen.«

Lenbachs Schwester, von der er später behauptete, sie habe ihn kritisch angesehen (eine typische Reaktion eines Angetrunkenen), zog er »hinterrücks« den Stuhl weg, sodass sie schreiend ins Leere und sehr schmerzhaft aufs Gesäß fiel.

Als Hansen versuchte, seine Hypnose-Vorstellung fortzusetzen, sprang Busch auf und brüllte ins Publikum, das sei alles Schwindel, Betrug, Scharlatanerie. Ein Tumult entstand. Dann gingen Lenbach, Bassermann, Kaulbach mit ihren Frauen und

Wilhelm Busch in den Keller zu Tisch, wo in illustrer Gesellschaft mit Piloty, Hanfstaengl und Lorenz Gedon weiter über den Hypnotiseur gestritten wurde. Busch lauschte stumpf dem Gespräch, stierte vor sich hin und trank. Plötzlich nahm er ein großes Stück Käse von Bassermanns Teller und warf es mit aller Kraft an die Wand. »Ich denke, das genügt!«, sagte Bassermann. Busch verließ in Rage das Lokal, streifte die ganze Nacht durch München und nahm schließlich frühmorgens den ersten Zug Richtung Norden. Er ist nie mehr nach München, in die Stadt seiner Jugend, seiner Ausbildung, seiner Freunde, zurückgekehrt.

Ich hatte Wilhelm Busch auch stets vor Augen und im Sinn, als ich an meinem Witzebuch arbeitete, aus dem Buch las, allein und auch zusammen mit Eckart von Hirschhausen.

Am 3. Oktober 2012 fuhr ich am frühen Morgen von Frankfurt nach München. Ich sollte dort mit Hirschhausen zusammen einen Witze-Abend im Circus Krone bestreiten. Es war die letzte von zehn gemeinsamen Vorstellungen, die in Hamburg im Tivoli und in Berlin in der Bar jeder Vernunft begonnen hatten. Sozusagen meine ersten »richtigen« Auftritte im Kabarett und im Zirkus, in Varieté-Theatern. Die Vorstellung davor hatte beim Harbour Front Literaturfestival im St. Pauli Theater in Hamburg stattgefunden. Ausverkauftes Haus, viel Gelächter, viel Applaus. Ich fühlte mich zum ersten Mal auch als Entertainer und »Comedian«. Ich war auf einmal dazu da, Leute zum Lachen zu bringen.

Der Zug, in den ich am frühen Morgen stieg, war gähnend leer. Wegen des Feiertags zur Deutschen Einheit, wie mir die Schaffnerin freudig erklärte, der dieses Jahr in München gefeiert wurde. In Bayern. Dort ging auch gerade das Oktoberfest zu Ende. Frau Merkel würde mit vielen Bundespolitikern und Regierungschefs der Länder auf dem Platz vor der Oper sprechen. Und wir, Hirschhausen und ich, im Circus Krone auftreten. Vor diesem Circus, der zweitausend Leute leicht beherbergt, hatte ich Respekt. Das lag daran, dass ich 1966 das erste Konzert der Beatles in Deutschland erlebt hatte. Schon wegen des historischen Datums hatte ich einen Mordsrespekt vor diesem Auftritt und schon nächtelang nicht gut geschlafen, das heißt mich immer wieder in Wachträumen und Halluzinationen unruhig in diversen Hotelbetten hin und her gewälzt.

Fast achtzig Lesungen hatte ich zu diesem Zeitpunkt für das Jahr schon hinter mir. Ich erlebte die Zugreise und die Auftritte zwischen dem Gefühl eines totalen Ausgebranntseins und einer seltsam unwirklichen Euphorie während und vor den Bühnenauftritten. Ich las an diesen Abenden nicht vor. Es war das erste Mal, dass ich nur erzählte, improvisierte, allerdings nach einem gewissen Fahrplan, der sich aus Assoziationsketten ergab. Witze, so sagte ich mir, darf man nicht lesen, die muss man erzählen.

Der Bahnhof in Frankfurt wirkte verlassen morgens um halb acht. Mitten an einem Werktag, von dem ich vergessen hatte, dass er ein Feiertag war. *Der* deutsche Feiertag. Auch der Zug war leer, wie auf einem Abstellgleis. Es war ein Europaexpress, ein EC der Österreichischen Bundesbahn. Es war erst der frühe Morgen dieses Feiertages, und wie alle Feiertage zur Deutschen Einheit nach der Wiedervereinigung waren diese Tage Feste eines einzigen großen nationalen Besäufnisses.

Tag der Einheit

Als ich in den Zug einstieg, kam er mir so verlassen vor, dass ich im Speisewagen beim Tee zum Frühstück geradezu fröstelte, obwohl die Abteile dieser Züge heimeliger, altmodischer, robuster sind als die nervös rasenden anfälligen ICEs. Man hat das Gefühl, in ihnen noch die Fenster öffnen zu können, man fällt in polsterige Sitze, die Vorhänge sind Staubfänger, und man meint, sich auf eine wirkliche Reise ins Ausland zu begeben, wenn der Zielbahnhof Budapest oder Prag oder Basel oder Innsbruck heißt. Dabei ist meist nichts anders als die Gulaschsuppe und die Weinkarte. Man glaubt auf einer Transitstrecke zu sein, wie früher, obwohl das längst nicht mehr stimmt. Und die Weinkarten sind von Land zu Land anders, obwohl das morgens um acht Uhr auch noch keine Rolle spielt.

»So leer hier«, sagte ich der Bedienung im Speisewagen, die mich mit österreichischem Tonfall daran erinnerte, dass ein deutscher Feiertag sei und dass der Zug wahrscheinlich so bleiben würde. »Wer fährt schon heute«, meinte sie, da hielt der Zug auch schon in Darmstadt, und der Speisewagen füllte sich schlagartig mit einer großen Gruppe junger Männer, die laut und fröhlich und in Feiertagsstimmung waren, im Nu die Breitseite des Speisewagens gefüllt hatten und neben sich Rucksäcke und Sporttaschen stapelten, während sie aus ihren Wolfskin-Jacken schlüpften. Schnell hatten alle ein Bier in der Hand, prosteten mir beim Tee zu und sagten auf meine Frage, wohin sie denn führen: zum Cannstatter Wasen. Cannstatter Wasen, den kannte ich aus meiner Stuttgarter Vergangenheit, das war das Bierfest in Schwabens Metropole, wie das Münchner Oktoberfest, nur eben schwäbischer, unspektakulärer, und fast bin ich versucht zu sagen: nüchterner als die Wies'n in München, obwohl auch hier das Ziel ist, sich die Kehle aus dem Leib zu singen und zu lärmen und möglichst schnell erst selige, dann schwere Trunkenheit zu erreichen. Aus meinen fünfziger Jahren erinnerte ich mich an einen der Kriegsgesänge: »Auf'm Wase graset d' Hase, und im Wasser gambelt d' Fisch, lieber will i gar koi Schätzle, als no so en Flederwisch.« Es waren nur wenige Frauen im Zug, aber die jungen Leute wirkten adrett und sportlich, sie hätten ebenso gut zu einer Wanderung des Schwäbischen Albvereins aufbrechen können. Als ich den Speisewagen verließ, waren die meisten schon beim zweiten oder dritten Bier, aber als ich sie später in Stuttgart aussteigen sah, wirkten sie frisch.

Ich ging in den Wagen der ersten Klasse, der nach Heidelberg auch schon bis auf den letzten Platz gefüllt war. Hier waren viele Menschen im Rentenalter, die ächzend versuchten, ihre schwere Ziehkofferlast ins Netz zu stemmen, wobei sie wankend den Kopf als Zwischenstation in Anspruch nahmen. Alle waren einander behilflich, auch der Schaffner half nach Leibeskräften. Vor allem aber stellte er mit einer Engelsgeduld die Sitze von uns Alten in Ruhelagerstellung und entfernte sperriges Gepäck aus dem Gang. Die meisten fanden sich mit den Hebeln des österreichischen Waggons an den Sitzen nicht zurecht, dennoch verwandelte sich das Bild des Wagens in etwas Sanatoriumähnliches für Ruhebedürftige, die, so gut es ging, lagen und Butterbrote und anderen Proviant auspackten, Becher mit Kaffee in Empfang nahmen oder sich aus Sprudelflaschen versorgten.

Ich saß in der Einzelsitzreihe, mir schräg gegenüber eine

asiatische Frau mit ihrer Tochter. Die Tochter, ob Koreanerin oder Japanerin, traute ich mich nicht zu entscheiden, tat, was von ihr zu erwarten war. Sie zückte ihr Samsung-Handy, knipste erst aus dem Fenster in die Landschaft der Geislinger Steige, dann ihre Mutter, bat dann ihre Mutter, sie zu fotografieren, nahm dann das Handy zurück und schoss noch einmal ein Bild von ihrer Mutter, die sich schon mit geschlossenen Augen zurückgelehnt hatte. Als ich noch einmal in den Speisewagen ging, hatte der sich inzwischen wieder mit jungen Leuten gefüllt. Inzwischen waren sie mit Jankern und Lederhosen, mit Wadenstrümpfen und festen Schuhen, mit Hüten, an denen Gamsbärte wackelten und Plaketten blitzten, ausgestattet. Das Ziel war klar: Oktoberfest und Tag der Einheit.

Der Bahnhof in München war wie ein großer Sog Richtung Oktoberfest. Rautenfahnen, Heere von gutgelaunten, zu allem entschlossenen Touristen, alle als Bayern verkleidet, ganze Familien in Lederhosen- und Dirndl-Look, Nagelstöcke und Nagelschuhe. Hier mischten sich Alte und Junge, die im Zug säuberlich getrennt gesessen hatten, zu der üblichen Feiertagssause, und jeder wusste, wo er war und dass es nur ein Bayern gibt und dass jeder daran teilhaben wollte. München war an dem Tag, der das Ende des Oktoberfestes verhieß, wie verwandelt, eine gewaltige Maskerade, wie sie sonst nur im Köln des Karnevals den zufällig Aussteigenden überfallen kann. Feiern in Bayern, das war der einzige Reim, dem sich die Stadt verschrieben hatte. Und der Tag, von einer milden Mittagssonne beschienen, sollte noch lang werden.

Am Abend, im *Circus Krone*, kam es mir komisch vor, dass die Stadt noch genügend Besucher für die Vorstellung von Hirschhausen und mir übrig gelassen hatte.

Auch meine Frau war inzwischen angekommen. Sie hatte das Flugzeug aus Hamburg genommen, wir hatten zusammen

Mittag gegessen, und das am Platzl, dem Regierungssitz der bayerischen Gemütlichkeit. Hier herrschte erst recht ein Trachtenfest, das Touristen und Einheimische vereinte. Nur weiträumig um die Oper gab es Absperrungsketten, Autos wurden angehalten und kontrolliert, weil sich ja hier der Tag der Einheit in einem Festakt vollziehen sollte. München leuchtete, Thomas Mann hatte wieder einmal recht. Und am Abend torkelte ganz München.

Träume

Ich hatte zum Zeitpunkt der Zirkusveranstaltung in München –
sie war sozusagen der Höhepunkt der gemeinsamen Abende
mit Eckart von Hirschhausen, zufällig auch der zehnte der gemeinsamen Auftritte – schon viele Reisen alleine, auch Lesungen aus meinem Witzebuch oder aus meinen neueren Glossen,
also meist aus dem Band *Im Paradies gibt's keine roten Ampeln*,
absolviert.

Einmal, wieder im November 2012, fuhr ich wiederum von
München, diesmal nach Baden-Baden und vorher vom Hotel
Villa Rothschild im Taunus nach München. Dort war ich im
Bayerischen Hof untergebracht, fast unmittelbar unter den Tür-
men der Frauenkirche. Am nächsten Tag musste alles wieder
schnell gehen, und ich hatte Angst, irgendwo etwas zu vergessen
und durch irgendeinen Umstand irgendetwas zu verpassen, zu
vertauschen, zu verlieren oder zu verwechseln.

Als die ganze Reisestrecke des Oktober und November vor-
über war, hatte ich unter anderem auf Rügen, im Berliner Win-
tergarten und im Berliner Schlosspark Theater, der Bühne des
Intendanten Didi Hallervorden, gelesen, bevor wir in Bremens
Konzerthaus »Die Glocke« die Fernsehaufzeichnung von unserem Programm vor Publikum aufgenommen haben.

Witze-Abende haben mit literarischen Lesungen viel und
nichts zu tun. Gleichermaßen versucht man ein Publikum für
sich, seine Texte, seine Themen zu gewinnen, aber geht es um

das Lachen, so bemüht man sich zu zweit um die Gunst des Publikums, damit buhlt man mit dem Partner um die Wette, man möchte nicht nur *mit* ihm punkten, sondern auch gegen ihn. Und da wir beide, Hirschhausen wie ich, grundverschieden sind, schon vom Alter her, ist das eben auch immer ein Match, bei dem man den Partner überraschen will oder merkt, dass dieser punkten will – und zwar er auf meine Kosten wie ich auf seine –, und es entsteht eine Spannung, die sich nur durch die Beteiligung des Publikums auflösen lässt. Ohne es ausdrücklich zu beabsichtigen, ruft man die Zuschauer zu Applaus und Gelächter auf und hofft, dass man den gleichen, wenn nicht einen stärkeren Effekt erzielt als der andere. Improvisiert man, sucht sich selber zu überraschen, wird durch den Mitspieler gezwungen, zu reagieren und anderes zu erzählen, als man vorhatte, ist dies ein spannender Nervenkitzel. Treten zwei auf, dann sind sie gleichzeitig ein Team, das auf Gedeih und Verderb aufeinander angewiesen ist und sich befeuert. Und man geht vor wie zwei Tennisspieler, die sich die Bälle manchmal nicht nur zuspielen, sondern den anderen auch auszutricksen versuchen – in aller Freundschaft, versteht sich. Und in aller Rivalität. Das ist aufregend, spannend, mit Spaß wie jedes Spiel, versetzte mich aber, da ich solche Duelle nur aus Diskussionen und aus dem *Literarischen Quartett* kannte, immer wieder in eine nervöse Spannung. Ich war auf einmal Entertainer, Conférencier, Kabarettist und nicht vorlesender Literat oder diskutierender Teilnehmer einer Talkshow.

Ich habe oft vor den Abenden gemeinsamer Auftritte grottenschlecht geschlafen. Und danach auch. Ich erzählte ja auf einmal aus dem Stegreif. Ich musste etwas parat haben, abrufbereit, was sich nicht Zeile für Zeile ablesen ließ. Und ich wollte Erfolg haben, indem ich die Sympathie des Publikums gewann. Niemand, so lernte ich schnell, wird so geliebt wie derjenige, der das Publikum gewinnt, indem er ihm Freude bereitet. Niemand wird so verachtet wie derjenige, dem das nicht gelingt. Ich kam mir wie ein Seiltänzer vor. Und dazu noch wie ein Reisender, der wie Kafkas Helden bei der Reise sein Ziel verfehlt, sich durch Fehlleistungen, Versäumnisse und Versagen schuldig fühlt. Und dem bei dem dauernden Ortswechsel Zeit und Raum, Traum und Wirklichkeit durcheinandergeraten.

Als es vorbei war, kurz vor Weihnachten 2012, und ich dachte, jetzt kommst du endlich zu Hause zur Ruhe, wurde ich immer wieder, noch fast in der Nacht und nicht am Morgen angekommen, durch Träume aus dem Schlaf gescheucht. Also: Ich stehe an einer dunklen Landstraße, die aber gleichzeitig zu einem Gewirr von Gleisen und Bahnübergängen führt. Eben erfahre ich, dass – ich höre es durch eine Lautsprecheransage, oder jemand flüstert es mir erschrocken zu – ich nur noch Minuten Zeit habe, den Anschlusszug zu erreichen, der aber unseligerweise diesmal auf dem entferntesten Gleis losfährt. Ich eile los, stolpere meinen Mitreisenden, die ich kenne und doch nicht kenne, hinterher. Wir müssen durch ein Theaterfoyer, wo festlich gekleidete Menschen uns erwarten, an denen wir uns vorbeidrängen und -schieben müssen. Auf einmal fällt es mir siedend heiß ein: Ich habe meinen Koffer stehen lassen. Am Rand der Landstraße, wo in der Dunkelheit nur der Koffer aufleuchtet. Ich laufe zurück, ich weiß, ich werde den Zug verpassen. Oder den Koffer zurücklassen müssen. Ich wache auf und bin für lange Zeit wie zerbombt.

Oder, in der nächsten Nacht: Ich erreiche mit dem Zug Stuttgart, den Ort, an dem ich auftreten muss. Ich steige aus, merke, dass ich meine Tasche mit dem Wasch-, Rasier- und Zahnputzzeug im Zug habe liegen lassen. Ich steige ein, der Zug fährt nach Ludwigsburg. Dann muss ich eben bis Ludwigsburg mitfahren. Ich durchstöbere den Zug, die Abteile, den Speisewagen und die Kofferablagen. Der Schaffner kommt. Ich frage, ob er mein Reisenecessaire gefunden habe. Er geht mit mir ins Schaffnerabteil, holt einen Karton, der voll von Gerümpel ist. Er findet nichts, was meinem Waschzeug ähnelt. Als ich aus dem Zug aussteige, fällt mir ein, dass in dem Pappkarton des Schaffners lauter Bücher von mir waren. Ich wache auf … Mir fällt, als ich wach werde, ein, dass ich ein paar Tage zuvor gelesen habe, Martin Walser habe seine Tagebücher im Zug liegenlassen.

Schließlich: Ich komme zu einer Lesung. Ich steige aufs Pult. Der Saal ist voll. Ich habe weder ein Buch noch ein Manuskript zum Lesen. Panisch frage ich ins Publikum, ob mir jemand mit meinem Buch aushelfen könne (das geht ja meist bei Lesungen, wenn Buchhändler ihre Verkaufsstände mit meinen Büchern für das anschließende Signieren bereitgestellt haben). Mehrere Leute strecken mir ein Buch entgegen, hoch zur Bühne. Es hat den richtigen roten Umschlag (mein Buch hat in Wahrheit einen orangefarbenen Schutzumschlag). Ich nehme das Buch. Es ist nicht mein Text. Ich finde nichts in dem Buch, blättere wie wild. Ich denke, ich muss anfangen. Ich beginne zu sprechen. Nur ein unartikuliertes Gurgeln kommt aus meiner Kehle. Ich denke: Jetzt ist alles aus. Jetzt merkt es jeder. Das Erwachen wird erst nach und nach zu einer Erlösung in einer unverrückten Realität.

Tagträume

Manchmal verwandelt der ständige Hotelwechsel das Tagleben zu einem Albtraum, der sich erst im Nachhinein in der repetierenden Erzählung als das entfaltet, was er, erlebt man ihn gerade, ganz und gar nicht hat: Komik.

Das fängt mit den Schlüsseln an, mit den modernen Lichtanlagen, mit neuen sanitären Ausstattungen von Dusche und Bad, wenn beispielsweise die Duschzelle nur noch über mehrere übereinanderliegende, gleich große und gleich weiße Druckschalter verfügt, wie das im *Mussmann* in Hannover der Fall ist, einem hocheleganten Hotel in Bahnhofsnähe, das auch noch die Eigenart hat, dass die Zimmer keine Nummern tragen, sondern bildliche Darstellungen von hannoverschen Stadtteilen, sodass man, statt sich an Stockwerken oder Zimmernummern orientieren zu können, des Nachts einen Rebus lösen muss. Und die Dusche? Man geht hinein, drückt mutig eine Taste, aufs Geratewohl, springt dann entschlossen und jäh wieder zurück, um nicht von einem Wasserstrahl überrascht zu werden, der nicht nur aus einer unerwarteten Richtung, seitlich, volle Pulle von oben – und so weiter – kommt, sondern einen auch durch brühende Hitze oder Eiseskälte mit einem morgendlichen Schock überraschen könnte – jedenfalls fürchtet man das, wenn man sich in anderen Hotels mit Systemen abgeplagt hat, bei denen man die Wärme und die Wassermenge mit zwei Griffen bewegen kann und dann auch von einem Heißwasserschauer überrascht wird – Learning by Doing. Aber wozu lernen, wenn man nur jeweils einen Morgen unter derselben Dusche steht, deren Wasserleitungssystem schon von der nächsten Hotelbrause auf den Kopf gestellt wird. Zu Hause sein heißt, Vertrautes wiederzufinden, im Bad, beim Licht, beim Schlüssel. Hier wird man von jeder neuen Nachtherberge in die Fremde verstoßen, auf eine Safari, einen Kurzabenteuerurlaub unter der Dusche.

Natürlich haben die meisten Hotels keine Zimmerschlüssel mehr, stattdessen Karten, die keine Nummern tragen, damit sie anonym bleiben und nicht von Unberechtigten missbraucht werden können. Trennt man sich von ihrer Hülle, kann man, wenn man gestern in Berlin auf 210 gewohnt hat und heute in Köln auf 211, schon ins Schwanken geraten und die Hotelangestellte, die gerade andere Zimmer reinigt, um das Öffnen von 211 bitten, was sie nur nach langem Zögern tut, weil sie einen erkannt hat. Und schon steht man erschrocken zwischen Gegenständen und Kleidungsstücken, die einem unabweisbar fremd vorkommen. »Sorry, dann war das wohl doch Berlin mit der 211«, stottert man und fährt hinunter zum Empfang, um sich kundig zu machen.

Die Karte muss man entweder in einen Zentralschalter-Schlitz stellen oder auch nicht, und das ist bei jedem Rein- und Rausgehen eine Fünfminutenüberlegung wert. Behält man die Karte, so ist nichts verloren oder falsch gemacht, sie erlischt ja mit dem Auschecken automatisch.

Inzwischen aber haben manche Hotels Sicherheitssysteme, bei denen man die Karte auch im Lift entweder an dessen Armatur oder in dessen Schlitz stecken muss, um überhaupt hinaufzukommen. Die Wege und Labyrinthe der elektronischen Welt sind unergründlich.

Manche Traditionshotels halten noch alte, schwere Hotelschlüssel bereit, die gewichtig in der Hosentasche liegen und sie ausbeulen. Sie sind meist nur Draperie, weil sich die Türen wie mit Karten öffnen lassen, oder man muss einen Schlüssel einschieben und warten, bis ein Knacken der Elektronik ertönt oder ein Smiley erscheint, bei dem man so lange hingucken, warten muss, bis sich das missgelaunte Gesicht zum Smilen entschließt.

Einmal kam ich von dem Münchner Bayerischen Hof zum Brenners Parkhotel, das war höchster Hotel-Luxus, den ich den Veranstaltern der Lesungen verdankte. Ich hatte München wie immer hastig verlassen müssen. Und als ich in Baden-Baden den Schlüssel mit großem, schwerem Metallbehang in Empfang nahm, ihn in die Tasche schob, um noch etwas zu besorgen (ein frisches Hemd wahrscheinlich, weil alle mitgeführten bereits getragen waren), und dann ohne Begleitung vor dem Hotelzimmer stand, öffnete sich die Tür nicht. Nanu, dachte ich, kein Smiley, sah dann auf das schwere Schlüsselgehänge und merkte, dass ich den richtigen Schlüssel in der anderen Manteltasche hatte. »Brenners« stand drauf. Den vom Bayerischen Hof brachte ich alsbald zum Baden-Badener Concierge und bat ihn, den Schlüssel nach München zu senden. Er nahm ihn, wog ihn in der Hand und sagte sachlich feststellend und zugleich mit einem gewissen Stolz: »Unserer ist größer!« – »Das will ich meinen«, sagte ich kumpelhaft.

Das sind Lappalien. Beinahe-Katastrophen sehen anders aus. Als ich im Frühjahr letzten Jahres im Budersand in Hörnum übernachtet hatte und am Sonntagmorgen relativ rechtzeitig nach Hamburg zurückfahren wollte und musste, beschloss ich, von eisernem Gesundheitswillen beseelt, um sieben Uhr morgens zum Schwimmen zu gehen. Das Budersand, das eine große Bibliothek besitzt, für Lesungen ideal geeignet, liegt traumhaft schön in die Dünen eingebettet. Das Hallenbad ist mit einem Wandgemälde à la Diego Rivera ausgestattet, das keine mexikanischen Revolutionäre zeigt, sondern berühmte Badegäste der Insel. Ich war mutterseelenallein, zog selbstzufrieden meine Bahnen und sah dann, wie die Sonne draußen stolz ihr Haupt über dem seegrasbewachsenen kleinen Hügel und dem Golfclub erhob. Also ging ich, nur mit der Badehose bekleidet, für einen Moment durch die Glastür, stolzierte erst durch den abschüssigen, begrenzten Dünengarten, betrachtete über den Zaun den durch einen Weg abgetrennten Golfclub und wollte, inzwischen in der Seebrise fröstelnd, zurück in die Badehalle. Die ließ sich ohne Karte nicht öffnen, und die Karte war drinnen, in dem sichtbar auf einer Liege abgelegten einzigen Bademantel. Meinem! Ich rüttelte an der Tür. Keine Reaktion. Aber da war eine Klingel. Für den Service. Ich drückte. Nichts passierte. Es war Sonntagmorgen, kurz vor acht. Kein Service weit und breit. Kein Schwimmgast hinter den Scheiben. Kein Mensch nirgendwo.

Inzwischen fröstelte ich nicht nur. Ich fror. Ich hatte nicht einmal Badelatschen mit. Strandhafer und Dünengras können sehr hart und für die bloßen Füße sehr schmerzhaft sein. Ich kletterte mühsam über einen Zaun zu einem Weg. Die Steine schnitten noch peinigender in meine wundgestoßenen Sohlen. Dann kam ich zur Hotelhalle. Blau gefroren und barfuß. Hier herrschte Aufbruchsstimmung. Eine Reisegruppe, alle Männer wie Frauen wohlgekleidet, blank geputzt, sonntäglich, wollte auschecken.

Ich winkte durch die Scheibe, eine Hotelangestellte erblickte mich. Ich flehte sie an, mir einen Bademantel zum Durchqueren der Halle zu bringen. Dann versteckte ich mich wieder blitzschnell hinter einem Mauervorsprung und wartete. Die Hotelangestellte erlöste mich schließlich mit einem weißen Frotteebademantel. In dem stolzierte ich, mit gespielter Selbstverständlichkeit, durch die Hotelhalle. Die zur Abreise versammelten Gäste sahen mich wie einen komischen Vogel an. Ich war ja auch einer. Ein Unglücksrabe.

Den Zug habe ich gerade noch zur rechten Zeit erwischt.

Dass es mir eine Woche später bei meiner Lesung in Bad Münstereifel schlechtging, lag nicht an der Lesung, zu der man mich eingeladen hatte. Sie fand in einer Scheune statt, die man über die Hintertreppe und den Hof eines Lokals erreichte. Als man mich einlud, warnte man mich: »Achtung! Bringen Sie sich einen dicken Pullover und einen Mantel mit! In der Scheune kann es kalt werden.« Es wurde nicht kalt, denn in meinem Rücken glühte eine Heizsonne. Es war alles in Ordnung. Auch das Golf Hotel Breuer hoch über der Stadt war nicht schuld. Von dort aus blickt man auf die intakte Stadtmauer der 18 000-Seelen-Gemeinde hinunter, deren berühmteste Seele Heino mit der dunklen Brille und dem dunklen Timbre ist. Der Hinweis »Hotel garni« hätte mich allerdings warnen sollen. Aber weil ich nicht nachgedacht habe, wurde ich hier mit einer der schlimmsten Nächte meines Reiselebens beschert.

Als die Lesung zu Ende war, begleitete mich ein Buchhändler durch den malerischen Ort über steile Stufen und Wege durch winklige Gassen zum Hotel. »Gute Nacht! Und schlafen Sie gut! Und, ach, hier noch, die hätten Sie fast vergessen, die Heino-Torte!« Schon auf dem Hinweg hatte man mir das Heino-Café mit Heino-Devotionalien gezeigt, die berühmte Haselnusstorte! »Schwarzbraun ist die Haselnuss …«

Nun also stand ich da, mit Koffer und Heino-Torte. Und das Garni-Hotel war wirklich ein Garni-Hotel. Der Schlüssel war für mich deponiert. Und so kroch ich um 23 Uhr ins Bett, nicht ohne vorher noch einen Blick über die nächtliche Stadt unter mir zu werfen. Und dann wälzte ich mich schlaflos unter Gedanken an Heino im Bett. Und ich hatte nichts zu essen und nichts zu trinken. Garni eben. Und da packte es mich, und ich packte die Heino-Torte aus (es war die kleine Version) und schluckte die Torte, die aus einem sehr süßen Teig in einem Schokoladenmantel bestand, fraß sie in meinem Kummer in mich hinein, trank einen Schluck Leitungswasser dazu und dachte, so, jetzt kannst du schlafen! Und ich schlief ein. Und wachte eine Stunde später wieder auf, einen dicken Klops im Bauch. Schwer, drückend. Und ich hatte kein Mittel dagegen. Keinen Kräuterbitter, keine Tablette, keine nachts dienstbereite Apotheke. Heino lag mir dermaßen im Magen, dass ich mich krümmte und wälzte und dachte, auf Kälte hat man mich vorbereitet, nicht aber auf die Heino-Torte. Es dauerte endlos, bis es sieben Uhr morgens war und ich aufstehen konnte und nach Bonn fahren. Die Heino-Torte werde ich nie vergessen. Kürzlich habe ich gelesen, das Heino-Café oder -Restaurant in Bad Münstereifel habe geschlossen. Mitsamt dem Devotionalienhandel und dem Verkauf und Versand der Heino-Torte.

In Düsseldorf durfte ich dann im neu eröffneten Breidenbacher Hof lesen. Ein Luxushotel der Sonderklasse, in günstiger Lage, nahe der »Kö«. Eine phantastische Treppe aus großartig schwarzweiß gemustertem Marmor führt zu einer Empore, und doch bin ich dort zweimal mitten in der Nacht an der Welt, an der modernen Lichtinstallation und meiner technischen Ignoranz gescheitert.

Ich hatte zum Einschlafen alles Licht bis auf eine Leselampe am Bett ausgeschaltet. Der Nachttisch war ausziehbar, zog man ihn heran, erschien ein beleuchteter Touchscreen, auf dem allerlei Lampen eingezeichnet waren, die auf Berührung reagierten. Immer neue Lampen gingen an, andere aus, wieder andere schienen nicht zu reagieren. Ich fühlte mich wie ein unbeholfener Organist an einer hochkomplizierten Orgel oder wie ein Copilot in einem Airbus. Ich drückte Knöpfe, schob Hebel, berührte Punkte, die Lämpchen darstellten. Alles ging aus, nur nicht die kleine Leselampe. Ich stand auf, ging zum Hauptschalter an der Tür, und jetzt geschah ein Wunder. Das Licht im Badezimmer ging an, aber nicht mehr aus. Ich drückte und knipste und »touchte« und schob, bis plötzlich mitten im Badezimmerspiegel ein Fernsehbild erschien und laute Stimmen und laute Musik in mein Zimmer dröhnten. Ich geriet in Panik, rückte im Zimmer mit viel Kraft Möbel vor Steckdosen nach vorne. Ich zog mit aller Kraft den Stecker raus. Alles Licht im Zimmer erlosch. Nur nicht die kleine Leselampe und der Bildschirm auf dem Badezimmerspiegel.

Irgendwann hatte ich alles aus, Gardinen auf- statt zugezogen. Jalousien offen und geschlossen. Ich schlief ermattet ein und dachte: Mit dieser Nacht hast du eine Ausbildung als Lufthansa-Pilot für einen Atlantikflug absolviert.

Ein Jahr später genoss ich wieder die elegant-luxuriöse Gastfreundlichkeit dieses modernen Großstadthotels. Doch in der Nacht wiederholte sich das gleiche Spektakel. Licht an, Licht aus, Jalousien auf, Fernseher im Badspiegel an. Nein, nicht noch einmal. Ich rief den Concierge an, er kam und konnte alles löschen. Als er den Fernseher im Badezimmerspiegel in voller Aktion sah, ging er zu einer Fernbedienung, die auf der Badkonsole lag. »Ach ja«, sagte er, »der geht gesondert an und aus.« Und drückte auf die Fernbedienung.

Am Morgen las ich in der Hülle, die mein Zimmerkärtchen enthielt, dass mir für mein Zimmer ein persönlicher Assistent zur Verfügung stünde. Unter der Nummer … Ich dachte, das nächste Mal bist du gewappnet.

Zum Schluss von A bis Z.
Von Anna bis Zoë

Das Schönste an Lesungen ist das anschließende Signieren; wenn die Veranstaltung den Besuchern gefallen hat, bekommt man alles zurück, ein Lächeln, freundliche Worte, Komplimente. In den letzten Jahren fragen immer mehr Gäste, ob es denn möglich sei, ein gemeinsames Foto mit dem Handy ... Der Mann knipst mich mit der Frau, die Frau mit dem Mann, beide bitten die Buchhändlerin, ein Bild zu machen ... So ... Oder besser im Hochformat. Danke! Blick auf das Display. »Nein, Ulla, du hast ja gar nicht nach vorne geschaut. Geht es noch einmal, Herr Karasek? ... Danke für die Mühe.«

Während dieser Zeit beginnen die Mitarbeiter der Buchhandlung schon die Stühle zusammenzuschieben, die Regale zu verschieben. Kehraus für die Nacht zu machen. Am Morgen muss die Buchhandlung wieder in Ordnung sein. »Brauchen Sie noch ein Taxi? Das Hotel liegt ja gleich um die Ecke. Und hoffentlich bis bald!« Ja, hoffentlich.

Selten komme ich noch in Versuchung, beim Signieren »Barbara saß nah am Abhang« in das Buch zu schreiben. Wenn eine junge Frau sagt: »Schreiben Sie: ›Für Barbara‹!«, und dann fügt sie hinzu: »Das ist meine Mutter. Schreiben Sie: ›Für meine Mutter‹?« – »Von wem?«, frage ich. Sie lacht: »Na, von Ihnen!« – »Aber ich bin doch gar nicht der Sohn Ihrer Mutter.« – »Aber ich möchte ja Ihre Unterschrift!« – »Sagen Sie mir Ihren Namen«, und sie sagt: »Melanie.« Und will sagen: »Aber es ist doch für meine Mutter.« – »Ja«, sage ich, »das mache ich schon.« Und dann schreibe ich: »Für Barbara, herzlich von ihrer Tochter Melanie«, nachdem ich vorher gefragt habe: »Sind Sie die einzige Tochter?« Und wenn sie »Ja« sagt, verzichte ich auf den Namen Melanie. Und dann schreibe ich drunter: »Und ebenso herzlich von …« Und dann meinen Namen. Und dann ist Melanie zufrieden. Und bedankt sich. Und wenn ich Glück habe, bittet sie noch jemanden, ein Handy-Foto von uns beiden zu machen. »Für meine Mutter.«

Inzwischen hat manche junge Frau auch gesagt: »Schreiben Sie: Für Barbara.« Und dann sagt sie: »Das ist für meine Großmutter.«

Wie heißt der Wilhelm-Busch-Vers am Schluss jedes Kapitel von *Julchen*?

Einszweidrei, im Sauseschritt
Läuft die Zeit; wir laufen mit.

Neulich in Neustadt an der Weinstraße dauerte das Signieren besonders lange. Immerhin waren über zweihundert Zuhörer in den Saal gekommen, in den die Buchhändlerin noch schnell ausgewichen war.

Mitten in der Schlange steht ein Mädchen, zehn oder elf Jahre alt, streckt mir ein Buch zum Signieren hin. »Für wen ist denn das?«, frage ich sie. Und sie sagt: »Für mich.« Und ich frage: »Wie heißt du denn?« Und sie sagt: »Zoë.« Und nickt, als ich frage: »Mit zwei Punkten über dem e?« Zoë.

Zoë ist etwa zehn oder elf Jahre alt, und als ich sie frage, ob es ihr gefallen habe, nickt sie fröhlich. Und ihre Mutter steht daneben. Beide haben sie blankpolierte Gesichter, beide lachen mich an. Beide haben dunkle Knopfaugen. Beide ähneln einander wie zwei russische Matroschka-Puppen. Nur die eine ist viele Puppen größer als die andere.

Zoë geht mit ihrer Mutter weg, ich glaube, sie knickst beim Abschied. Ich signiere weiter. Eine halbe Stunde später, die Schlange ist zu Ende, die Buchhändler packen die übriggebliebenen Bücher in den bereitstehenden Korb. Das Klappern der Stühle beim Zusammenstellen hat aufgehört.

Da steht die kleine Zoë mit ihrer Mutter wieder vor mir. Zoë zögert, lächelt und sagt dann entschlossen, sie habe noch eine Bitte. Dann streckt sie mir ein Blatt Papier entgegen, aus einem Schulheft herausgerissen, wie man an der gezackten Perforierung sieht.

Jetzt sei es spät geworden, sagt sie.

»Ja«, sage ich, schaue auf die Uhr. »Ja, halb elf.«

Ja, und ob ich ihr nicht eine Entschuldigung schreiben könne. Für die Schule. Weil sie doch für morgen keine Hausaufgaben mehr machen könne.

»An wen soll ich denn die Entschuldigung schreiben?«, frage ich.

Sie zögert. Dann sagt sie: »An die Englischlehrerin.« Frau Soundso.

Ich schreibe: »Sehr geehrte Frau Soundso, ich bitte Zoë wegen der nicht gemachten Hausaufgaben zu entschuldigen.« Weil meine Lesung so lange gedauert habe. Datum. Uhrzeit. Unterschrift. Und dann schreibe ich dazu und lese es Zoë gleichzeitig laut vor: Mein Entschuldigungsbrief gelte natürlich nur für den 7. November 2012. Als sie das hört, gluckst Zoë vor Lachen. Sie zeigt so ihr Einverständnis, dass ich sie austricksen will, falls sie die Entschuldigung mehrmals verwenden wollte. Wir grinsen uns an, wir drei, Zoë, ihre Mutter und ich. Wie Komplizen gegen die Schule und die Hausarbeit. Komplizen mit beschränkter Haftung.